# 2010 ni independencia ni revolución

# Rius

## 2010 ni independencia ni revolución

 Planeta

© 2010, Editorial Planeta Mexicana, S.A. de C.V.
Avenida Presidente Masarik núm. 111, 2o. piso
Colonia Chapultepec Morales
C.P. 11570 México, D.F.
www.editorialplaneta.com.mx

Primera edición: febrero de 2010
Segunda reimpresión: abril de 2010
ISBN: 978-607-07-0319-5

Impreso en los talleres de Litográfica Cozuga, S.A. de C.V.
Av. Tlatilco núm. 78, colonia Tlatilco, México, D.F.
Impreso y hecho en México – *Printed and made in Mexico*

El autor quiere agradecer la valiosísima colaboración (a veces involuntaria) de los siguientes artistas:

José Guadalupe Posada
Diego Rivera
José Clemente Orozco
Santiago Hernández
Constantino Escalante
J. Martínez Carrión
J. de Jesús Alamilla
J. Anthony Nelly
Toño Salazar
Andrés Audiffred
Ernesto García Cabral
Leopoldo Méndez
Miguel Covarrubias
Fernando Castro Pacheco
Adolfo Mexiac
Pablo O'Higgins
Alfredo Zalce
Alberto Beltrán
Gonzalo de la Paz
Mariana Yampolski
Pancho Mora
Oscar Frías
L. Dávila Madrid
José Bartolí
Daniel Núñez
Abel Quezada
Rogelio Naranjo
El Fisgón
Efrén, y muy especialmente al desaparecido José Narro.
A todos, gracias.

## Presentación donde el autor habla...del autor.

Nací güero y de ojos azules. No pude evitarlo, quizás porque en la familia casi todos eran así. Nací en Zamora, Michoacán, una de las ciudades más mochas del país, fundada por un grupo de familias sefarditas españolas que venían huyendo de la persecución a los judíos por doña Isabel la Católica, y que luego pasaron a fundar también Monterrey. Abundan pues los güeros de ojo claro y colorados de cachetes.

La familia era, si no rica, sí acomodada. Mi padre tenía una tienda en los portales de Zamora, pero cuando yo nací ya la había perdido, en parte por su afición a jugar poker con los canónigos de la Catedral. El caso es que cuando yo nací, no me tocaron pañales de tela fina sino de cabeza de indio. Mi padre murió cinco meses después de mi nacimiento y sus hermanos tuvieron a bien corrernos de la casa (nunca supe por qué) y nos vimos obligados –mi mamá con sus tres chilpayates– a emigrar a la ciudad de México en busca de trabajo y alojamiento.

Mis primeros años de infancia viví en *vecindades* del Centro histórico de la ciudad, en condiciones de pobreza, teniendo a veces que comer en los comedores públicos donde se servía gratis de comer. Eran los tiempos del gobierno del Gral. Lázaro Cárdenas, que estaba tratando de cambiar al país un poco, para lo cual estableció la enseñanza dizque SOCIALISTA, lo cual no les gustaba a muchos, mi mamá incluida–católica furibunda como era– y que, no teniendo dinero para escuelas privadas, nos acabó por meter a los tres escuincles a seminarios. Quizás con la secreta esperanza de que alguno acabara de Obispo y sacara de la pobreza a toda la familia. Al fin, ninguno persistió y resultamos padres...pero de familia.

...Hasta donde recuerdo, en la familia se despreciaba a los indios y sólo se les aceptaba como servidumbre. En consecuencia, se hablaba mal de Cárdenas, que estaba causando malestares a las "buenas familias" con su política de darles la razón a los indios y sacarlos de la miseria. Sin embargo, cuando yo nací, mi mamá perdió la leche y le encargó a una "güare" -india purépecha- que me diera el pecho, de modo y manguera que me crié con leche indígena...

Ese aspecto de hombre blanco y de ojo claro, me presenta a los ojos de la mayoría inmensa de mexicanos como descendiente de los conquistadores, con gran coraje de mi parte, especialmente cuando me hablan en inglés. Conmigo se da frecuentemente una discriminación, pero al revés. No me siento aceptado como mexicano, aunque lo soy y quiero mucho a este país. Algunos piensan que mi aspecto de "gente de razón" me ha ayudado en mi profesión, en un país donde "como te ven te tratan"...

No dudo que muchas veces haya ocurrido que se me abrían las puertas de muchas partes, al verme blanco, güero y de ojos azules. Vivimos en un país donde priva todavía un complejo de inferioridad de parte de una población mestiza en su mayoría y que ha padecido por siglos, el dominio de los blancos. En mi defensa debo decir que siempre he tratado de evitar verme favorecido por mi aspecto y he procurado siempre que mi trabajo mande sobre mi apariencia. ¿Por qué estoy contando estas tarugadas? Pues porque este es un libro que trata de eso: de las tremendas dificultades que hemos tenido los mexicanos para entendernos entre nosotros y convivir juntos sin pelearnos ni fregar al otro mexicano...

Desde hace 15 años estoy casado con una muchacha hija de campesinos morelenses, morena y que creció y fue criada como campesina. Con ella procreamos una hija que afortunadamente no salió güera ni con ojo claro. El contacto con su familia me ha permitido conocer de primera mano a otra clase de mexicanos con los cuales, tengo que reconocerlo con pena, la relación no se ha dado como yo quisiera. Sigue existiendo entre nosotros esa barrera que durante siglos ha separado a los mexicanos, los blancos de un lado y los mestizos del otro. La desconfianza siempre presente...

Todo esto me ha llevado a buscar los secretos misterios de nuestros fracasos históricos como país y como sociedad. Como país que no acaba de crecer en la prosperidad para todos, y como una sociedad que basa su existir en la desigualdad y la injusticia.

¿Por qué vivimos en un país que todavía no acaba de organizarse para beneficio de TODOS los mexicanos? ¿Por qué parecemos condenados a vivir en un eterno subdesarrollo, no sólo material sino también espiritual? ¿Por qué somos campeones mundiales de corrupción, desnutrición e ignorancia?

Este libro intenta responder a esas preguntas. Espero que sus páginas nos den una modesta y verídica explicación de nuestros fracasos como país y como sociedad.

(Aquí el autor (Rius) deja de hablar de Eduardo del Río).

9

El famoso **índice**

AÑO V.  MÉXICO, ENERO 3 DE 1887  NÚM. 1.

LA PATRIA

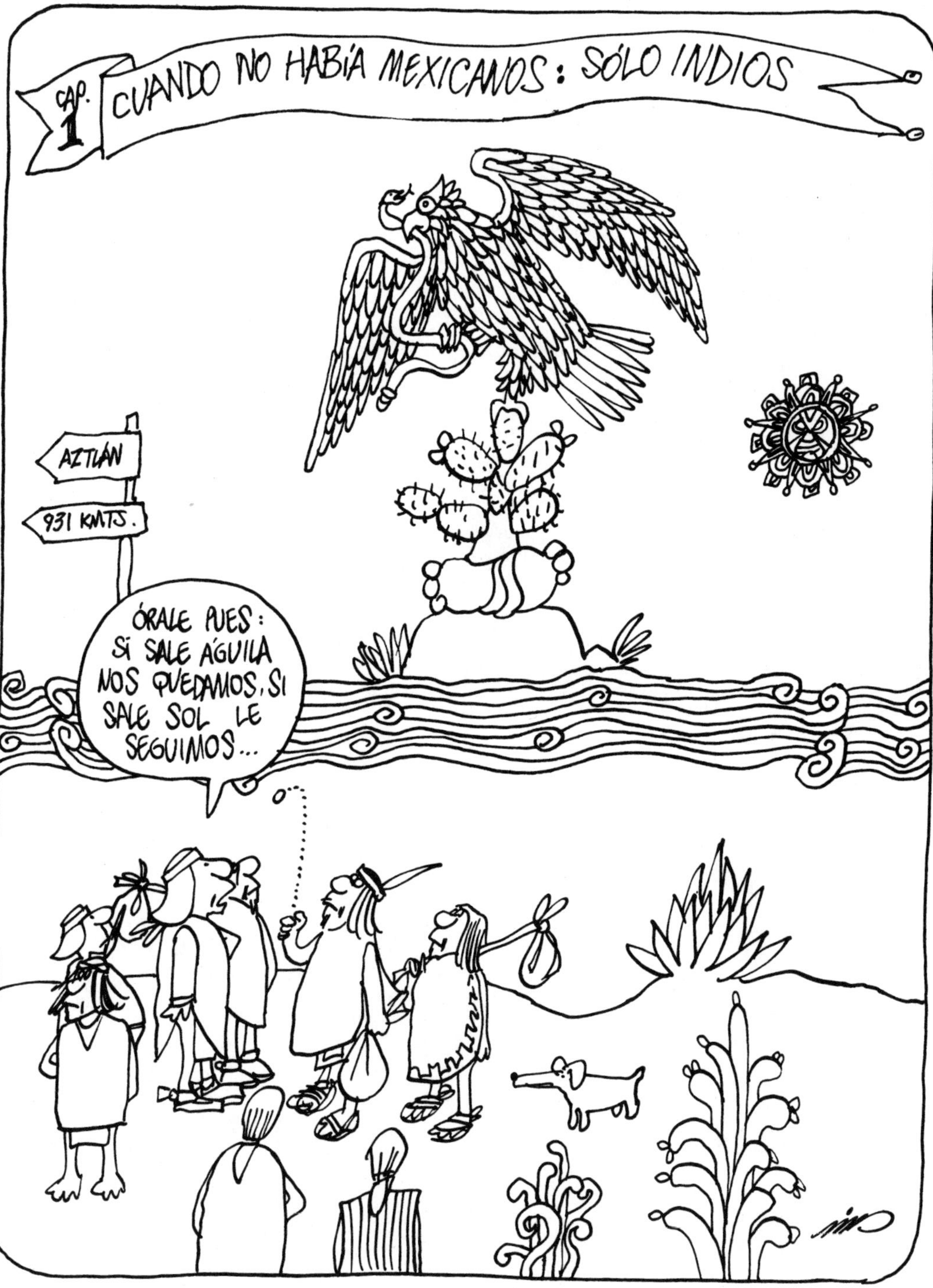
CAP. 1
CUANDO NO HABÍA MEXICANOS: SÓLO INDIOS
AZTLÁN
931 KMTS.
ÓRALE PUES: SI SALE ÁGUILA NOS QUEDAMOS, SI SALE SOL LE SEGUIMOS...

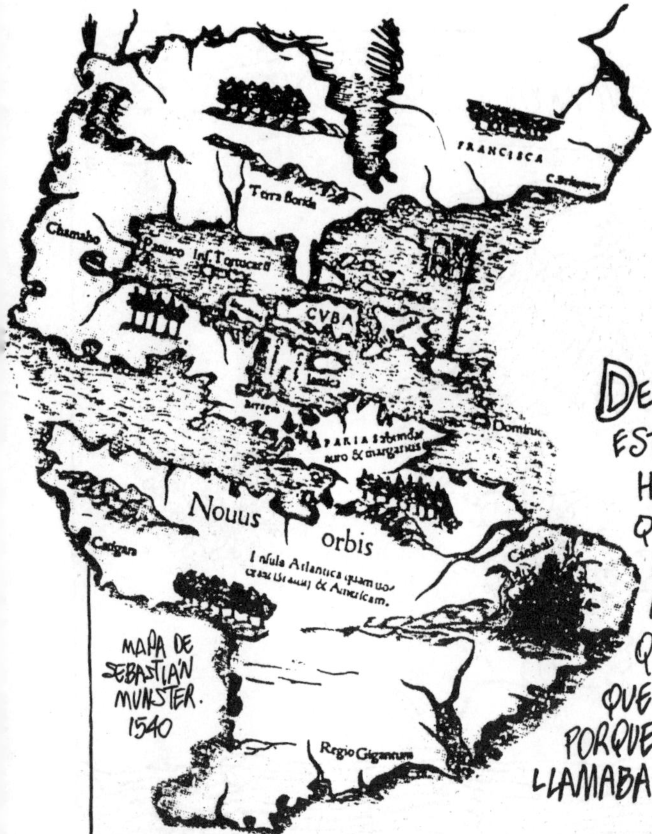
FRANCISCA
Terra florida
CVBA
PARIA abundat auro & margaritis
Nouus
orbis
Regio Gigantum

MAPA DE SEBASTIÁN MUNSTER. 1540

DESDE HACE MÁS DE 9 MIL AÑOS ESTAS TIERRAS ESTABAN HABITADAS POR GENTE MORENA QUE HABÍA LLEGADO DE ALLÁ ARRIBA BIEN LEJOS, Y PASO A PASO LLEGARON A DONDE QUERÍAN LLEGAR A QUEDARSE, QUE NI SABÍAN CÓMO SE LLAMABA, PORQUE LA VERDAD ES QUE NO SE LLAMABA DE NINGÚN MODO...

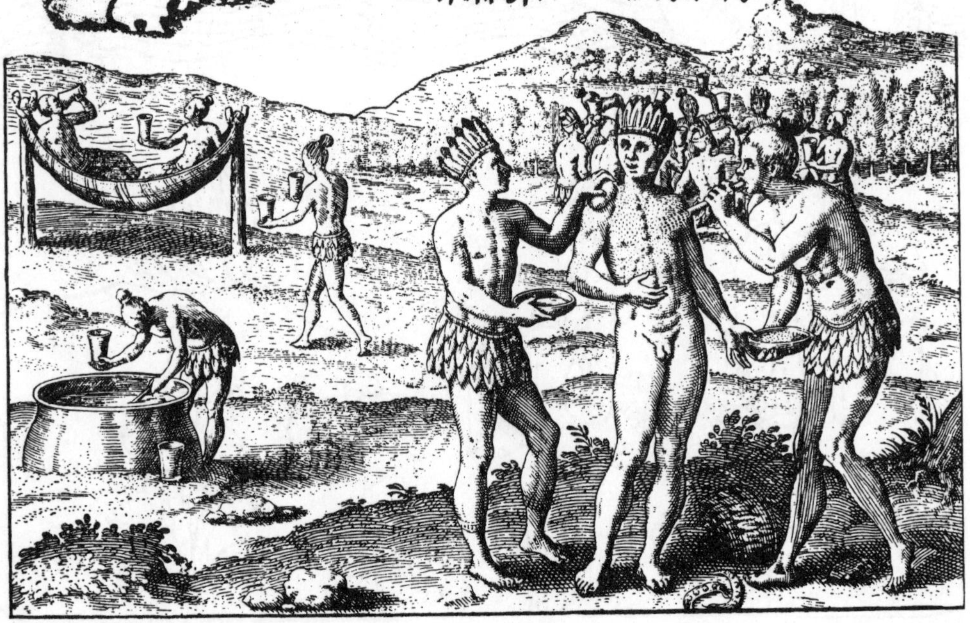

EL CASO ES QUE LES GUSTÓ PARA QUEDARSE UN LAGO CON UNA ISLA EN DONDE VIERON UN ÁGUILA PARADA EN UN NOPAL DEVORANDO UNA VIBORITA, PUES -SEGÚN DICEN QUE LES HABÍAN DICHO- AHÍ MERO DEBÍAN FUNDAR UNA TAMAÑA CIUDAD QUE SE IBA A LLAMAR LA GRAN TENOCHTITLAN Y ZONAS CONURBADAS.

¡PERO RESULTÓ QUE NO ERAN LOS ÚNICOS! ASÍ QUE LOS AZTECAS (QUE ASÍ SE LLAMABAN LOS RECIÉN LLEGADOS) TUVIERON QUE PELEARSE POR LOS TERRENOS, CON OTROS PRIETITOS QUE ANDABAN TRAS LOS TERRENOS JUNTO AL LAGO...

La tierra es de quien la trabaja no del que la ve primero...

NO SE ALARME EL LECTOR, QUE NO PENSAMOS PASARLE LA PELÍCULA COMPLETA CON LOS ENREDIJOS, GUERRAS Y PELEAS, ALIANZAS Y BRONCAS DE NUESTROS ANTEPASADOS. (SI LES INTERESA EL ASUNTO, LEAN MI LIBRO "QUIÉN DIABLOS FUE QUETZALCÓATL?") ← vil comercial

lo que sí queremos decir es que los indios no sólo se peleaban entre ellos, sino que...

¡CREARON UNA CIVILIZACIÓN TAN CHINGONA COMO LA EGIPCIA, P'ACABAR PRONTO....!

UNA CIVILIZACIÓN
QUE DESARROLLÓ
BRILLANTEMENTE
LA ASTRONOMÍA,
LAS MATEMÁTICAS,
LA MEDICINA, LA
AGRICULTURA, LA
PINTURA, ¡LA GRAN
ESCULTURA!, LA
ARQUITECTURA, LA
LITERATURA, LA
HERBOLARIA, LA
EDUCACIÓN, EL
TEJIDO DE TELAS,
LA ARTESANÍA... Y
OTRAS QUE NOS
FALTAN... ESO FUE

# LA CIVILIZACIÓN MESOAMERICANA, ¡SEÑORES!
(MESOAMERICANA = DE LA ½ DE AMÉRICA)

¿de dónde creen que salió el MAÍZ -cultivado y desarrollado por acá-, lo mismo que el JITOMATE, el AGUACATE, los FRIJOLES, el TABACO, el CHOCOLATE (cacao, pues..), el ALGODÓN, el HENEQUÉN o el HULE...?

¡se te olvidó el CHICLEE!

¡Y LAS PIRÁMIDES, MUY SUPERIORES A LAS DE LOS EGIPCIOS!

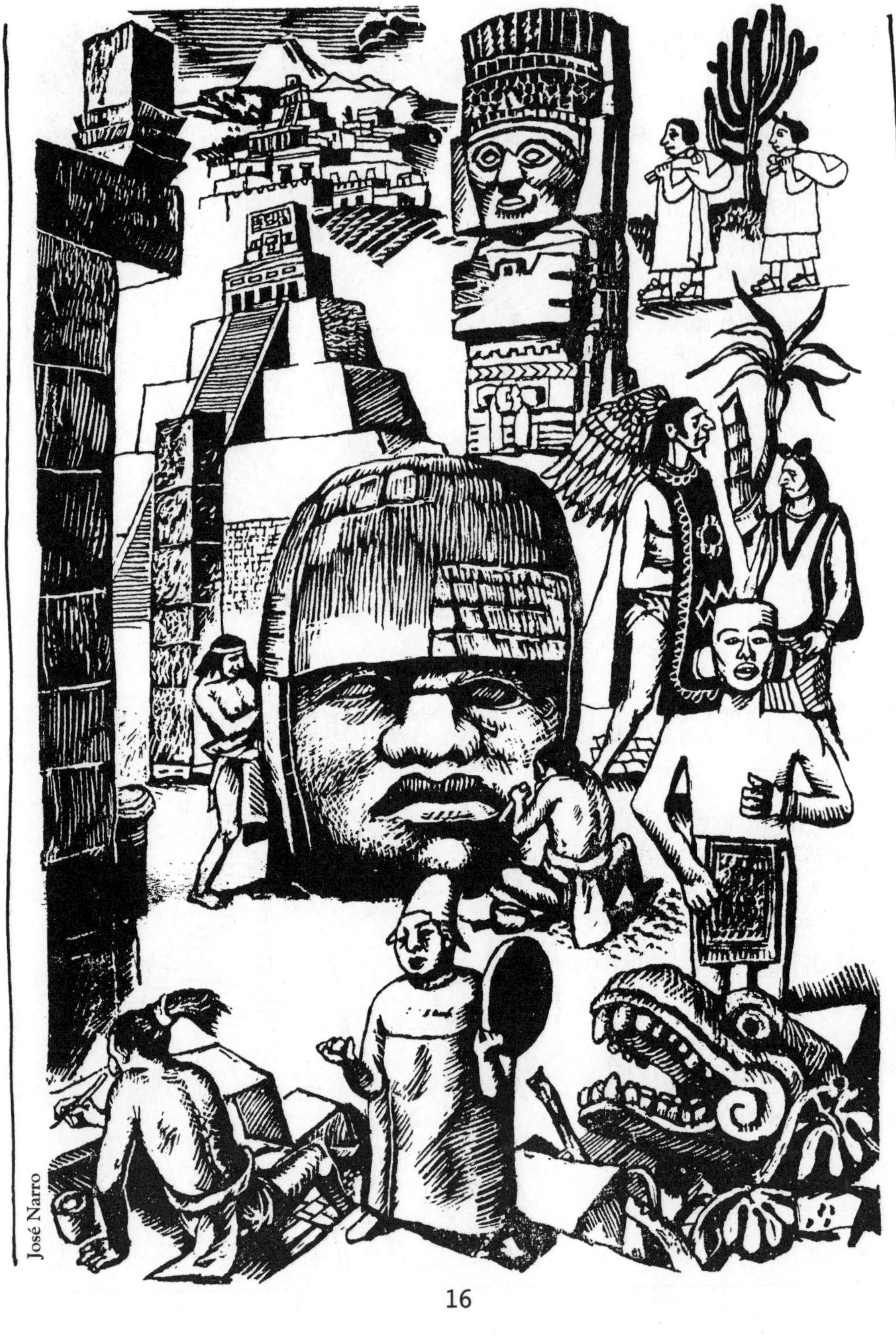

José Narro

Y ESA REGIÓN -QUE HOY LLAMAN MESOAMÉRICA- DONDE CONVIVÍAN CON MÁS O MENOS TRANQUILIDAD Y ARMONÍA, CULTURAS TAN DIVERSAS COMO LOS AZTECAS, MAYAS, TOTONACAS, MIXTECAS, CHICHIMECAS, OTOMÍES, TARASCOS, HUICHOLES, CHONTALES, ZAPOTECAS O CHINANTECAS (¡MECAS NO), VIO INTERRUMPIDO SU DESARROLLO POR LA LLEGADA DE UNOS CUATES QUE NADIE HABÍA INVITADO, NI ESPERABA: LOS GALLEGOS DE ESPAÑA...

José Narro

¡QUÉ TIPOS: NO SE BAÑAN!

NO SABEN HABLAR EL NÁHUATL...

¿CÓMO AGUANTAN EL CALOR CON ESAS LATAS?

NO LES GUSTA EL PULQUE NI LOS TAMALES...

¿QUÉ VENDEN, TOPILTZIN?

ANTES SE TARDARON: YA HABÍAN ESTADO EN OTRAS PARTES...

QUESQUE EN CUBA Y EN LA DOMINICANA Y EN PEJE-LANDIA...

LUGARES DONDE VIERON QUE LA GENTE ERA MUY INGENUA Y CREÍDA, Y QUE TENÍAN ABUNDANCIA DE METALES QUE LOS GALLEGOS ESOS CODICIABAN Y ESTABAN DISPUESTOS A TODO CON TAL DE TENERLOS CONSIGO:

¡ el ORO y la PLATA, coño !

BIEN MAÑOSOS, LOS GALLEGOS SE APROVECHAN DEL ODIO QUE HAY EN CASI TODAS PARTES A LOS ~~CHILANGOS~~ (perdón) AZTECAS, Y LOGRAN QUE LOS TLAXCALTECAS Y OTROS POBLANOS SE LES UNAN Y LES CARGUEN LAS COSAS...

Allá os pago..

CON AYUDA DE DOÑA MALINCHE (traduttora = tradittora) CORTÉS LES VE LA CARA A LOS GOBERNANTES, QUE LO CONFUNDEN CON UN TAL QUETZALCOATL POR LAS BARBAS... (y porque -dicen- era albino y güero...)

APOYADOS EN LA SÚPER SUPERIORIDAD DE LAS ARMAS (CABALLOS INCLUIDOS) SE IMPONEN FÁCILMENTE A LOS DESARMADOS INDIOS Y LES PONEN UNA GOLIZA ESPANTOSA AL GRITO DE → "YA SE LOS LLEVÓ LA CHINGADA"!

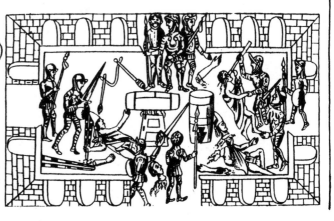

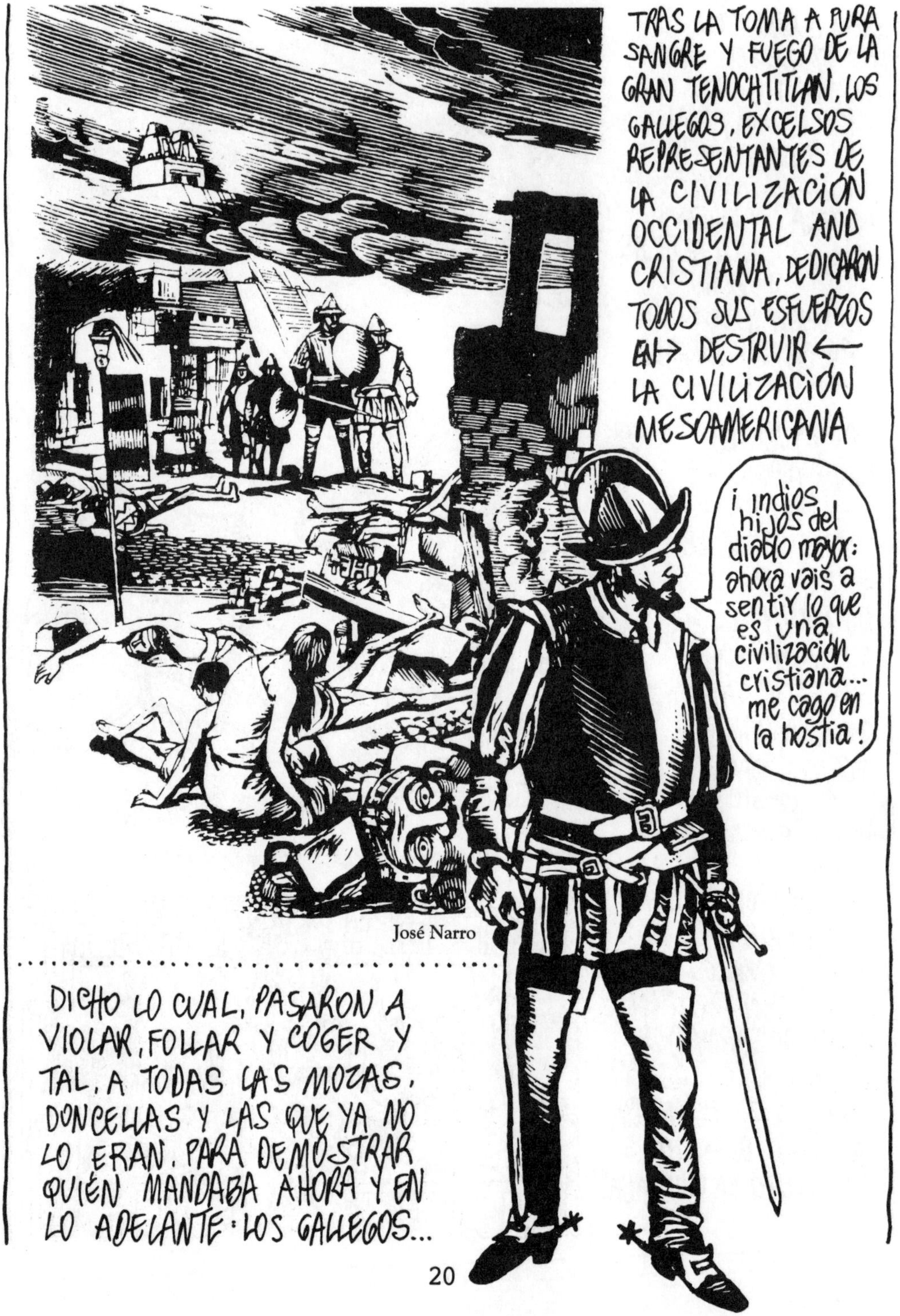
TRAS LA TOMA A PURA SANGRE Y FUEGO DE LA GRAN TENOCHTITLAN, LOS GALLEGOS, EXCELSOS REPRESENTANTES DE LA CIVILIZACIÓN OCCIDENTAL AND CRISTIANA, DEDICARON TODOS SUS ESFUERZOS EN→ DESTRUIR ← LA CIVILIZACIÓN MESOAMERICANA
¡ indios hijos del diablo mayor: ahora vais a sentir lo que es una civilización cristiana... me cago en la hostia !
José Narro
DICHO LO CUAL, PASARON A VIOLAR, FOLLAR Y COGER Y TAL, A TODAS LAS MOZAS, DONCELLAS Y LAS QUE YA NO LO ERAN. PARA DEMOSTRAR QUIÉN MANDABA AHORA Y EN LO ADELANTE: LOS GALLEGOS...

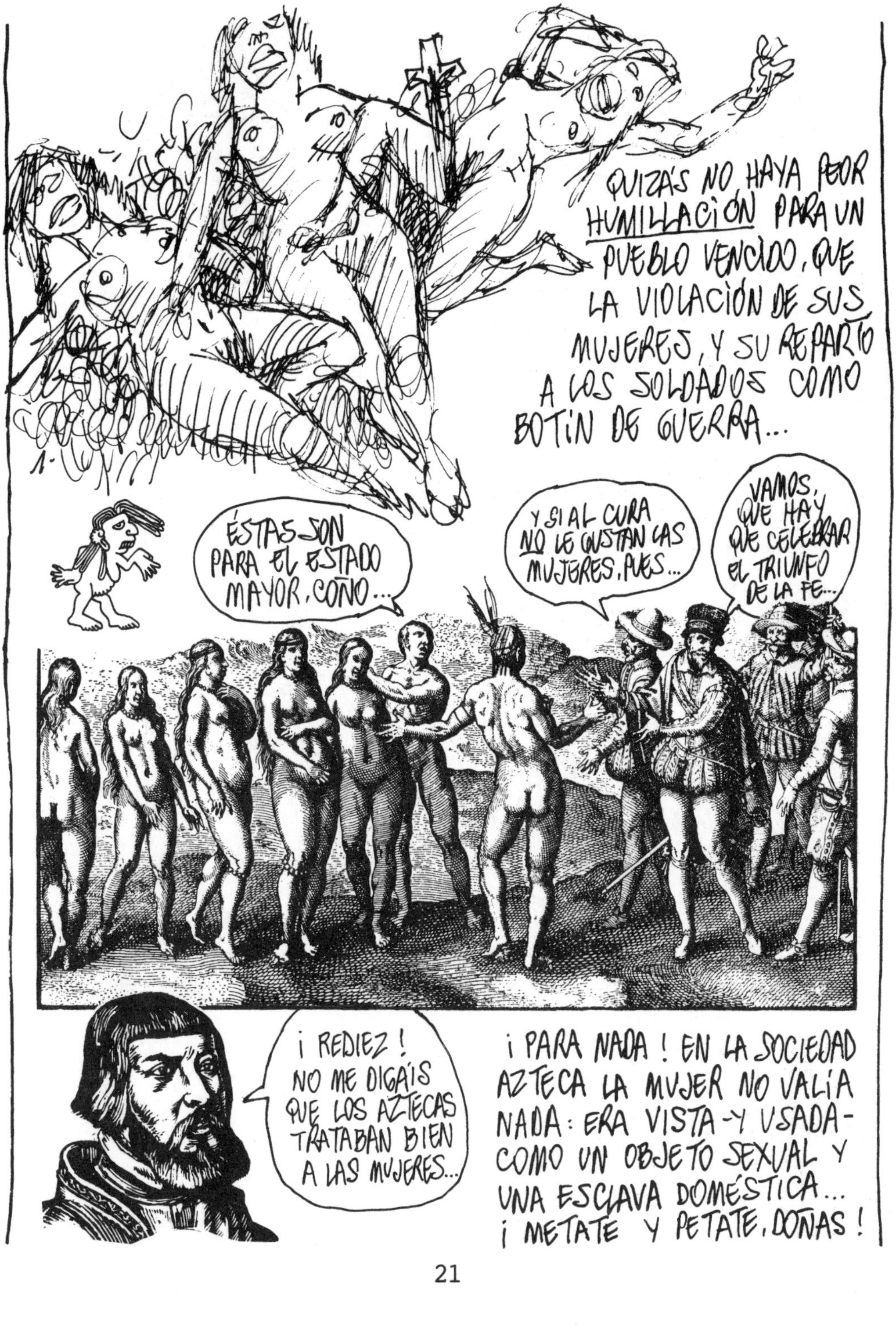
QUIZÁS NO HAYA PEOR HUMILLACIÓN PARA UN PUEBLO VENCIDO, QUE LA VIOLACIÓN DE SUS MUJERES, Y SU REPARTO A LOS SOLDADOS COMO BOTÍN DE GUERRA...
1-
ÉSTAS SON PARA EL ESTADO MAYOR, COÑO...
Y SI AL CURA NO LE GUSTAN LAS MUJERES, PUES...
VAMOS, QUE HAY QUE CELEBRAR EL TRIUNFO DE LA FE...
¡ REDIEZ ! NO ME DIGÁIS QUE LOS AZTECAS TRATABAN BIEN A LAS MUJERES...
¡ PARA NADA ! EN LA SOCIEDAD AZTECA LA MUJER NO VALÍA NADA: ERA VISTA -Y USADA- COMO UN OBJETO SEXUAL Y UNA ESCLAVA DOMÉSTICA... ¡ METATE Y PETATE, DOÑAS !

¿deveras así eran de canijos los aztecas?

ALGO ASÍ Y QUIZÁS PEOR...

EN MÉXICO - Y EN TODO PAÍS COLONIZADO - TENEMOS LA TENDENCIA A IDEALIZAR A LOS VENCIDOS Y A CULPAR DE TODO A LOS CONQUISTADORES. Y SE NOS OLVIDA QUE LOS AZTECAS NO ERAN UNAS PERITAS EN DULCE Y HABÍAN FORMADO UN <u>PODEROSO IMPERIO</u>...

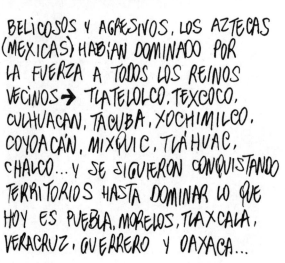

BELICOSOS Y AGRESIVOS, LOS AZTECAS (MEXICAS) HABÍAN DOMINADO POR LA FUERZA A TODOS LOS REINOS VECINOS → TLATELOLCO, TEXCOCO, CULHUACAN, TACUBA, XOCHIMILCO, COYOACÁN, MIXQUIC, TLÁHUAC, CHALCO... Y SE SIGUIERON CONQUISTANDO TERRITORIOS HASTA DOMINAR LO QUE HOY ES PUEBLA, MORELOS, TLAXCALA, VERACRUZ, GUERRERO Y OAXACA...

SÓLO CON MICHOACÁN NO PUDIERON...

¡SE VOLVIERON PEOR QUE EL PRI!

José Narro

COMO BUEN IMPERIO, EL MEXICA VIVÍA DE EXPLOTAR A TODOS LOS QUE SE DEJABAN: LES COBRABAN ENORMES TRIBUTOS, LES ROBABAN SUS MUJERES, SE COMÍAN A SUS ENEMIGOS O LOS VOLVÍAN ESCLAVOS QUE LES TRABAJARAN GRATIS... ETC.

¡hey!... estaban hablando del trato que les daban los aztecas a la mujer, no se hagan...

BUENÍSIMO: COMO MERCANCÍA ESTABAN MUY BIEN COTIZADAS...

BASTE DECIR QUE EL REY POETA DON NEZAHUALCÓYOTL TENÍA COMO 60 CONCUBINAS, Y SU HIJO NEZAHUALPILLI MÁS DE MIL... CON ALGUNAS DE LAS CUALES TUVO 144 HIJOS...

JIJOS: NI MI GENERAL VILLA...

NARRO

COMO ESTABAMOS DICIENDO, LA FERVOROSA INCLINACIÓN DE LOS CONQUISTADORES PARA CON LAS NATIVAS PRODUJO, NUEVE MESES DESPUÉS LO QUE ERA DE ESPERARSE → EL NACIMIENTO DE BEBITAS Y BEBITOS DE COLOR **CAFÉ CON LECHE. O SEA**, LOS PRIMEROS _MESTIZOS_, O SEA PUES LOS PRIMEROS

# MEXICANOS (O PRIMEROS HIJOS DE LA CHINGADA MADRE)

¿por qué nos dicen tan feo, mami?

pos porque yo fui chingada y tú eres mi hijo...

...Y ESO SEGUIMOS SIENDO...

EL _13 DE AGOSTO_ (DE 1521) ES LA FECHA EN QUE, CON LA CAÍDA DE LA GRAN TENOCHTITLAN, SE GESTA LA CONCEPCIÓN DE LOS PRIMEROS MEXICANOS, HIJOS DE LAS INDIAS VIOLADAS POR LOS ESPAÑOLES

es cuando se debía celebrar el **DÍA DE LA RAZA**...!

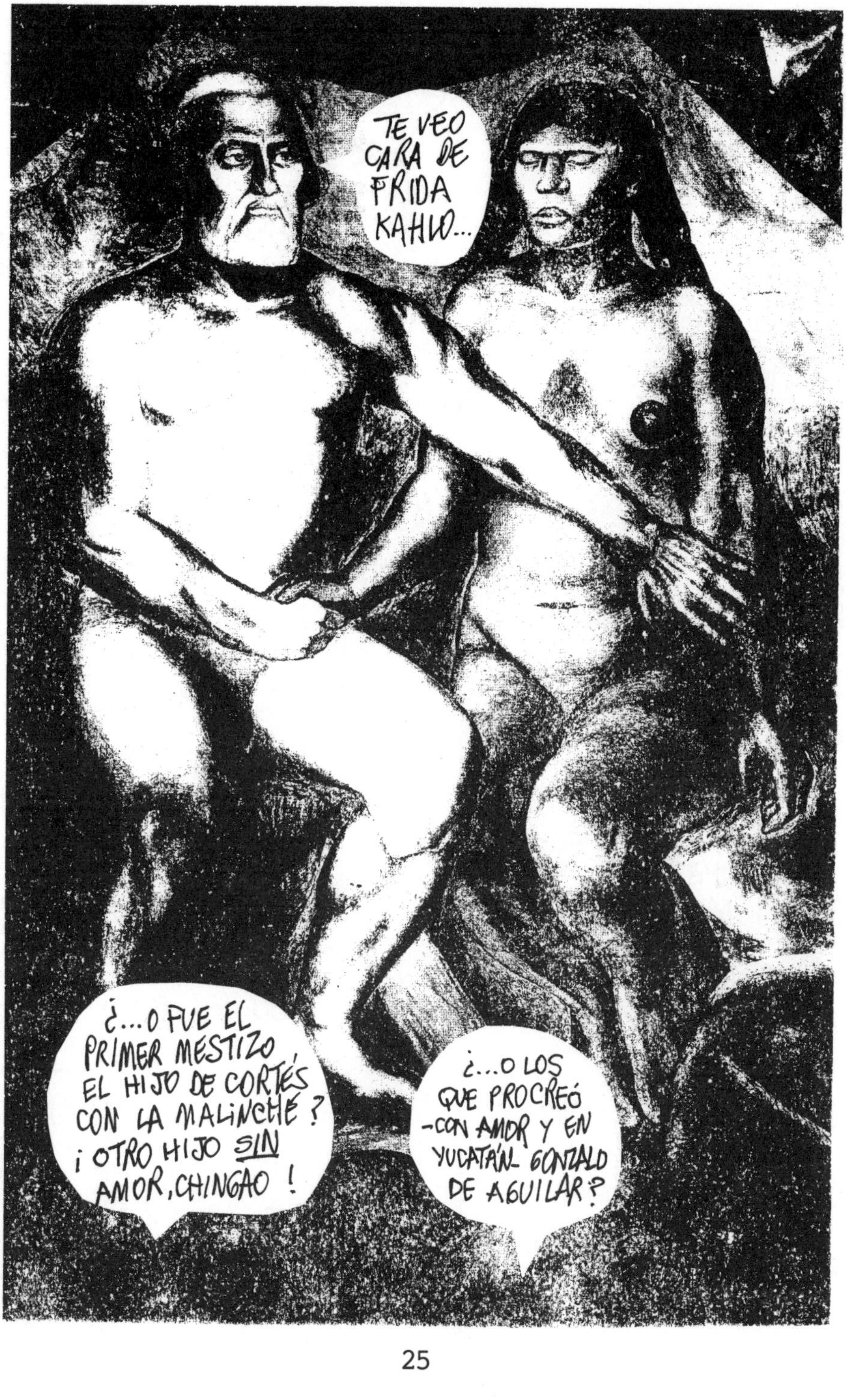
TE VEO CARA DE FRIDA KAHLO...
¿...O FUE EL PRIMER MESTIZO EL HIJO DE CORTÉS CON LA MALINCHE? ¡OTRO HIJO SIN AMOR, CHINGAO!
¿...O LOS QUE PROCREÓ -CON AMOR Y EN YUCATÁN- GONZALO DE AGUILAR?

J. Clemente Orozco

AQUÍ ESTÁ LA RESPUESTA DE POR QUÉ LOS MEXICANOS SOMOS "COMO SOMOS"...

.. HIJOS **NO DESEADOS**, DE PADRE DESCONOCIDO, HIJOS, NO DEL AMOR, SINO DE LA FUERZA BRUTA Y ANIMAL, HIJOS RECHAZADOS POR AMBOS LADOS...

Andrés Audiffred

ÉSA FUE LA BASE DE NUESTRA NACIONALIDAD...

¿VIVA EL MESTIZAJE QUE NOS DIO PATRIA?

QUE ASÍ LO QUISO DIOS, VAMOS

Andrés Audiffred

LOS PRIMEROS NUEVOS MEXICANOS FUERON HIJOS NACIDOS AL AZAR, COMO PLANTITAS O COMO ANIMALES. → FUERON HIJOS NATURALES, PUES LOS ESPAÑOLES DESDEÑABAN CASARSE CON LA RAZA VENCIDA, A LA QUE VEÍAN CON ABSOLUTO DESPRECIO...

¿CASARME CON UNA INDIA? ¡SI SON HORRIBLES Y ADEMÁS POBRES, JODER!

NO SE SABE CON CERTEZA CUÁNTOS NUEVOS MEXICANOS NACIERON DE LAS VIOLACIONES DE LAS MUJERES AZTECAS DE TENOCHTITLAN, NI SI ESAS VIOLACIONES INCLUYERON TAMBIÉN A LAS MUJERES DE LOS PUEBLOS QUE RODEABAN LOS LAGOS, PUEBLOS QUE ERAN ALIADOS DE LOS MEXICAS DE LA GRAN CIUDAD...

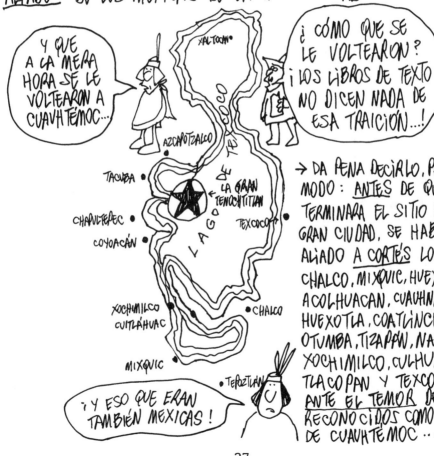

Y QUE A LA MERA HORA SE LE VOLTEARON A CUAUHTÉMOC...

¿CÓMO QUE SE LE VOLTEARON? ¡LOS LIBROS DE TEXTO NO DICEN NADA DE ESA TRAICIÓN...!

→ DA PENA DECIRLO, PERO NI MODO: ANTES DE QUE TERMINARA EL SITIO DE LA GRAN CIUDAD, SE HABÍAN ALIADO A CORTÉS LOS DE CHALCO, MIXQUIC, HUEXOTLA, ACOLHUACAN, CUAUHNAHUAC, HUEXOTLA, COATLINCHAN, OTUMBA, TIZAPAN, NAUTLA, XOCHIMILCO, CULHUACÁN, TLACOPAN Y TEXCOCO... ANTE EL TEMOR DE SER RECONOCIDOS COMO ALIADOS DE CUAUHTÉMOC...

¡Y ESO QUE ERAN TAMBIÉN MEXICAS!

XALTOCAN

AZCAPOTZALCO

TACUBA

LA GRAN TENOCHTITLAN

CHAPULTEPEC

COYOACÁN

LAGO DE TEXCOCO

TEXCOCO

XOCHIMILCO
CUITLÁHUAC

CHALCO

MIXQUIC

TEPOZTLAN

¿POR MI RAZA HABLARÁ EL ESPÍRITU? (¿SANTO?)

CURIOSA Y ALARMANTE REACCIÓN DE AQUELLOS PUEBLOS MEXICAS ANTE EL TEMOR A LOS GALLEGOS...

en vez de unirse a Cuauhtémoc para combatir contra Cortés, ¡se unen al pinche conquistador...!

EL MIEDO NO ANDA EN BURRO, DON...

← EL MAESTRO VASCONCELOS

José Narro

Toño Salazar

ES INJUSTO JUZGAR TAN FUERTE AHORA Y A LA DISTANCIA, EL COMPORTAMIENTO Y LA **DESUNIÓN** DE AQUELLOS NUESTROS ANTEPASADOS (Y LO RECONOZCO), PERO FRANCAMENTE DA CORAJE...

PERO PUS.. NI MODO:

LO QUE TENÍA QUE PASAR, PASÓ.

SE JODIÓ EL IMPERIO MEXICA...

Y NACIÓ LA NUEVA ESPAÑA...

... el "hubiera" no existe...

28

# De cómo pasamos de Imperio Azteca a pinche Colonia Gallega.

(CON EL FAVOR DE DIOS, CLARO...)

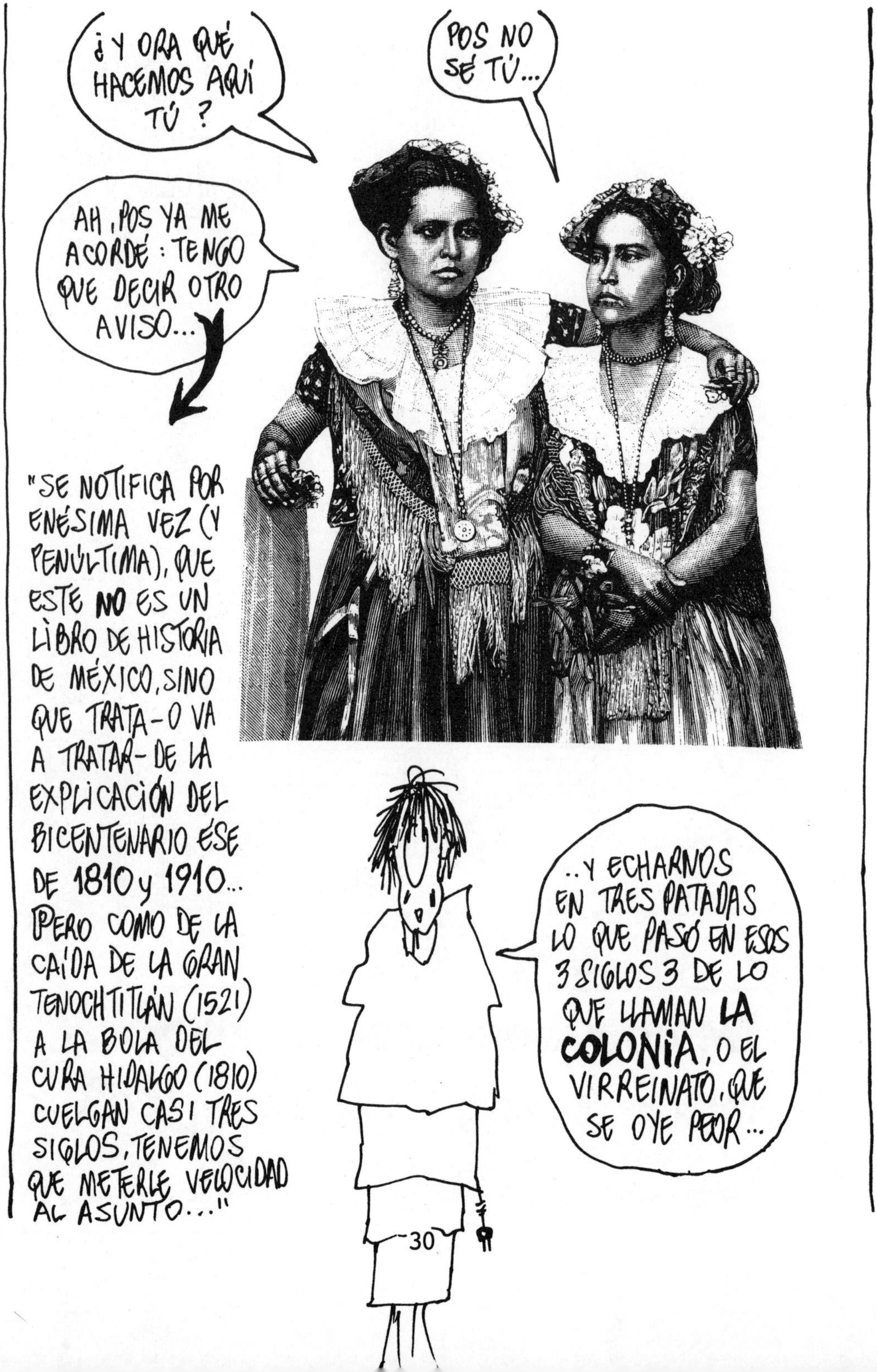
¿Y ORA QUÉ HACEMOS AQUÍ TÚ ?
POS NO SÉ TÚ...
AH, POS YA ME ACORDÉ: TENGO QUE DECIR OTRO AVISO...
"SE NOTIFICA POR ENÉSIMA VEZ (Y PENÚLTIMA), QUE ESTE **NO** ES UN LIBRO DE HISTORIA DE MÉXICO, SINO QUE TRATA –O VA A TRATAR– DE LA EXPLICACIÓN DEL BICENTENARIO ÉSE DE 1810 y 1910... PERO COMO DE LA CAÍDA DE LA GRAN TENOCHTITLÁN (1521) A LA BOLA DEL CURA HIDALGO (1810) CUELGAN CASI TRES SIGLOS, TENEMOS QUE METERLE VELOCIDAD AL ASUNTO..."
...Y ECHARNOS EN TRES PATADAS LO QUE PASÓ EN ESOS 3 SIGLOS 3 DE LO QUE LLAMAN **LA COLONIA**, O EL VIRREINATO, QUE SE OYE PEOR...

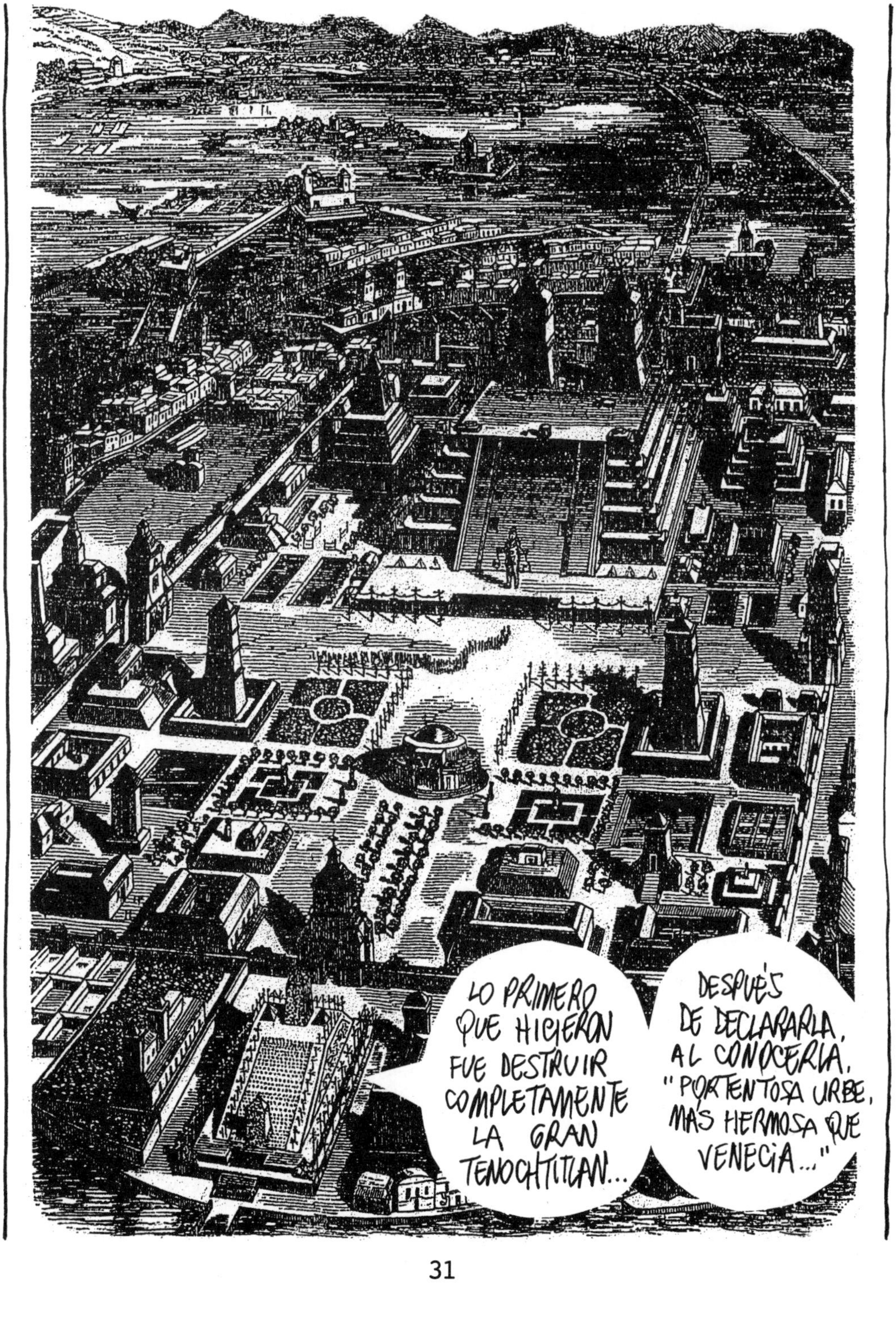
LO PRIMERO QUE HICIERON FUE DESTRUIR COMPLETAMENTE LA GRAN TENOCHTITLAN...
DESPUÉS DE DECLARARLA, AL CONOCERLA, "PORTENTOSA URBE, MÁS HERMOSA QUE VENECIA..."

...Y COMO LOS CONQUISTADORES NO HABÍAN VENIDO A TRABAJAR, PUSIERON A LOS SOBREVIVIENTES A DESTRUIRLO TODO, PUESTO QUE QUERÍAN LEVANTAR ALLÍ MISMO UNA CIUDAD COMO LAS DE ESPAÑA...

..PERO SIN IDOLATRÍAS NI SUPERSTICIONES TONTAS, VOTO A SANTIAGO....!

José Narro

32

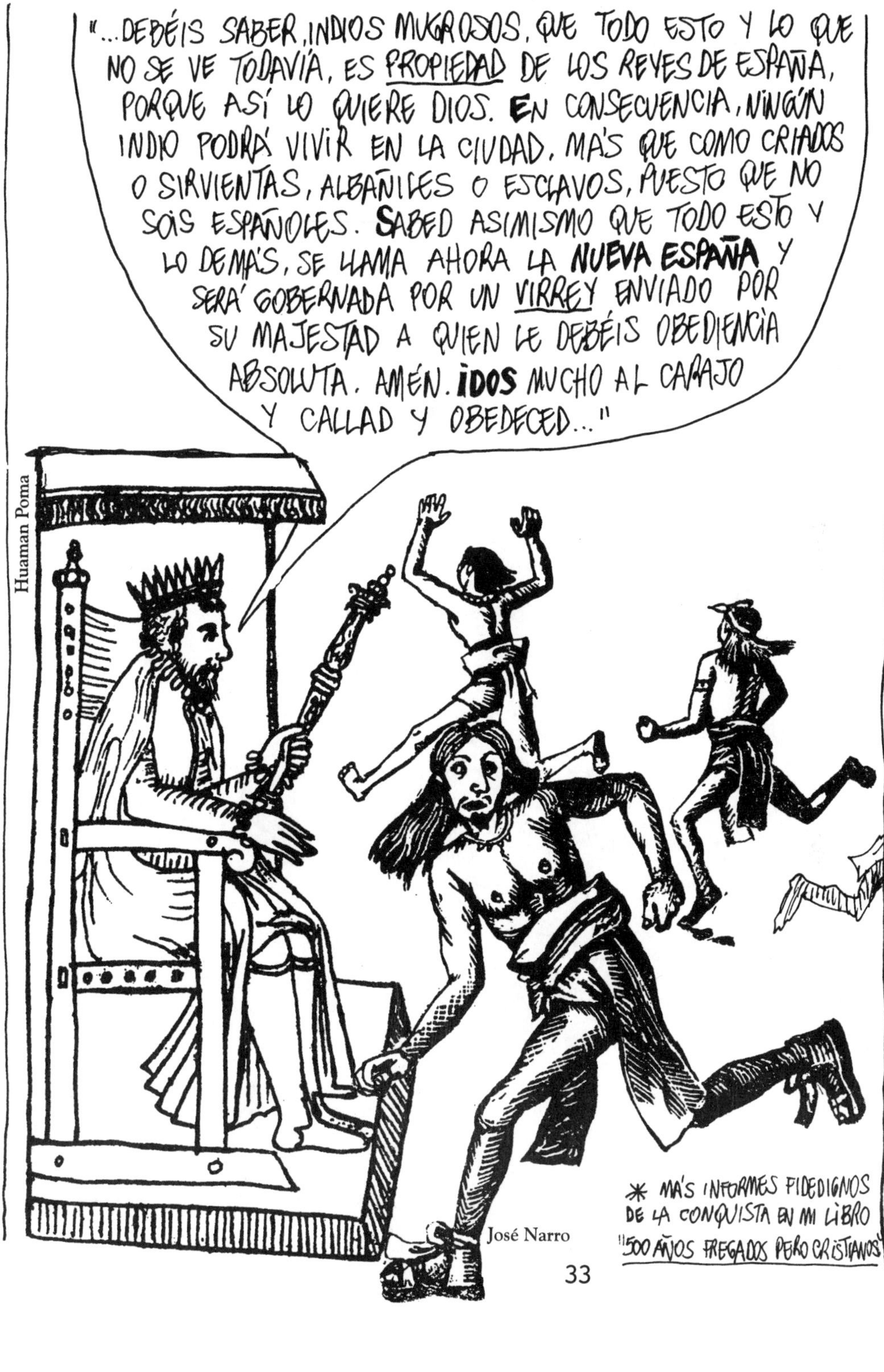
"...DEBÉIS SABER, INDIOS MUGROSOS, QUE TODO ESTO Y LO QUE NO SE VE TODAVÍA, ES PROPIEDAD DE LOS REYES DE ESPAÑA, PORQUE ASÍ LO QUIERE DIOS. EN CONSECUENCIA, NINGÚN INDIO PODRÁ VIVIR EN LA CIUDAD, MÁS QUE COMO CRIADOS O SIRVIENTAS, ALBAÑILES O ESCLAVOS, PUESTO QUE NO SOIS ESPAÑOLES. SABED ASIMISMO QUE TODO ESTO Y LO DEMÁS, SE LLAMA AHORA LA NUEVA ESPAÑA Y SERÁ GOBERNADA POR UN VIRREY ENVIADO POR SU MAJESTAD A QUIEN LE DEBÉIS OBEDIENCIA ABSOLUTA. AMÉN. IDOS MUCHO AL CARAJO Y CALLAD Y OBEDECED..."
Huaman Poma
* MÁS INFORMES FIDEDIGNOS DE LA CONQUISTA EN MI LIBRO "500 AÑOS FREGADOS PERO CRISTIANOS"
José Narro

DECRETÓSE ASIMISMO A LA NUEVA ESPAÑA COMO TERRITORIO LIBRE DE IDOLATRÍA, DONDE TODOS DEBÍAN VOLVERSE CRISTIANOS AL SER SALPICADOS CON AGUA BENDITA (LOS INDIOS-INDIOS).

A LOS INDIOS HIJOS DE <u>NOBLES</u> LOS INTERNARON PARA QUE APRENDIERAN CASTELLANO Y ASÍ PUDIERAN AYUDAR A LOS GALLEGOS A CONTROLAR A LA INDIADA QUE NO ENTENDÍA QUÉ ESTABA PASANDO...

DESDE LUEGO, NO ERA OBLIGATORIO VOLVERSE CRISTIANOS: TENÍAN LA OPCIÓN DE MORIR...

NO, ÉSE NO ES EL REY: ES DIOS, QUE TAMBIÉN ES BLANCO...

José Narro

PARA FACILITAR MEJOR LA CRISTIANIZACIÓN DE LA INDIADA, LOS ESPAÑOLES <u>INVENTARON</u> LA APARICIÓN DE LA VIRGEN MORENITA DEL TEPEYAC (@) LA GUADALUPANA, CON GRAN ÉXITO: TODO MUNDO SE LA CREYÓ, MENOS EL OBISPO ZUMÁRRAGA Y LAZÚRRAGA ...✱

¡¿QUIHUBO?! ¡NO TE PARECES A LA TONANTZIN!

Nuestra S. de guadalupe enmex paresida

✱ más informes en mi libro "EL MITO GUADALUPANO". sorry. keep smiling...

Y PARA AFIANZAR EL NEGOCIO RELIGIOSO, VIENDO TANTA PIEDRA QUE HABÍA TIRADA DE LOS TEMPLOS AZTECAS, PUSIERON UNA IGLESIA ENCIMA DE CADA PIRÁMIDE ... (TRABAJO QUE, DESDE LUEGO, HIZO LA INDIADA, AUNQUE **NO** MUY VOLUNTARIAMENTE ...)

PA'MÍ QUE ESTOS INDIOS NO TIENEN ALMA...

¡HOSTIA! ¿ENTONCES QUIÉN VA A ENTRAR A LA IGLESIA ...?

35

Y ES QUE, AL PRINCIPIO DE LA COLONIA, LOS GALLEGOS NO PERMITÍAN QUE LOS INDIOS ENTRARAN A LAS IGLESIAS (AUNQUE ELLOS LAS HABÍAN LEVANTADO), LO QUE VIERON QUE ERA UN TREMENDO ERROR...

ESTÁ BIEN QUE LA IGLESIA NO PAGUE IMPUESTOS, PERO SI NO RECIBE LIMOSNA ¿DÓ ESTÁ EL NEGOCIO?

¿Entonces quién va a dar limosna?

SÍ, QUE ENTREN, Y QUE PAGUEN TAMBIÉN EL DIEZMO...

SÍ PUES: LA NUEVA ESPAÑA SE HABÍA CONVERTIDO EN EL GRAN NEGOCIO PARA LOS GALLEGOS (ORO Y PLATA A LO BESTIA), PERO LA MÁS BENEFICIADA FUE LA IGLESIA QUE, AL PASO DEL TIEMPO SE CONVIRTIÓ EN EL VERDADERO PODER DETRÁS DEL TRONO...

Alberto Beltrán

¿han contado cuántas iglesias se construyeron en la Nueva España?

← EN EL PUEBLITO DE TEPOZTLÁN TENEMOS ¡OCHO IGLESIAS!

36

¿Y QUÉ ME DICE DE LOS CONVENTOS? ¡AY, QUIEN TUVIERA UNA FRANQUICIA PARA PONER UNO EN LA NUEVA ESPAÑA...!

NOMÁS VEAN QUÉ NEGOCIO:

- el terreno, gratis
- los materiales, gratis
- la mano de obra, gratis  } tenían
- la servidumbre, igual        esclavos
- el mantenimiento, lo mismo } indios
- exención de impuestos
- todos los monjes y curas contaban con fuero
- todos los conventos tenían iglesia
- los reyes pagaban su "sueldo"
- tenían enormes extensiones de terreno

y no trabajamos en nada ¡viva Dios!

Y PEOR LOS CONVENTOS DE MONJAS: INVENTANDO MOLES Y DULCES...

37

# ¿Y LOS INDIOS?

DESDE 1521 -LA CAÍDA DEL IMPERIO AZTECA- TODOS LOS INDIOS FUERON DECLARADOS PRISIONEROS DE GUERRA, ES DECIR, **ESCLAVOS** DE LOS TRIUNFADORES, QUE SE REPARTIERON LAS TIERRAS Y POBLACIONES, PERO CON TODO Y HABITANTES...

José Narro

JODER, ¿ZTO ZÍ EZ VIDA..

OBVIAMENTE, LA ESCLAVITUD INCLUÍA A LAS MUJERES... (Y PROSIGUE...)

José Narro

LOS INDIOS CONSERVARON SUS TIERRAS, PERO TRABAJÁNDOLAS PARA LOS CONQUISTADORES, QUE EMPEZARON A LEVANTAR **HACIENDAS** POR TODA LA NUEVA ESPAÑA CON LA GRATUITA **MANO DE OBRA** DE LOS "SUS" INDIOS...

José Narro ↕

A LAS HACIENDAS SE SUMARON LAS MINAS, DONDE LOS ESCLAVOS INDIOS (Y LUEGO NEGROS) TRABAJABAN COMO LOCOS PARA ENRIQUECER MÁS A ESPAÑA...

ÉSA ES LA VENTAJOTA DE LAS COLONIAS RICAS: MANO DE OBRA GRATIS O MUY BARATA PARA EXPLOTAR ESAS RIQUEZAS...

39

EL PADRE BARTOLOMÉ DE LAS CASAS
(UNO DE LOS POCOS DEFENSORES DE
LOS INDIOS) CALCULABA EN
3 MILLONES EL NÚMERO
DE ESCLAVOS...HASTA LOS
CURAS Y FRAILES TENÍAN...

mi amo es el
obispo Zumárraga...

ASÍ PUES, LA SOCIEDAD
DE LA NUEVA ESPAÑA
ESTABA COMPUESTA POR
↓

LOS ESPAÑOLES Y
LOS INDIOS
↓

A LOS QUE LUEGO SE
SUMARON ↓

LOS CRIOLLOS
(hijos de españoles
nacidos en la colonia) ⌐

Y LUEGO LOS
NEGROS del
África.

¿ Y A LOS
MESTIZOS
DÓNDE NOS
DEJAS, GÜEY ?

LOS MESTIZOS, AQUELLOS CAFÉ CON LECHE
HIJOS DE LA VIOLACIÓN, ESTABAN
PEOR QUE LOS INDIOS PORQUE NO ERAN
ACEPTADOS POR NADIE...¡Y NO QUERÍAN
SER INDIOS, NI ESPAÑOLES !
→PARA SOBREVIVIR, SE ALEJARON DE LOS
INDIOS Y SE ACERCARON AL ESPAÑOL
POBRE...QUE TAMBIÉN LOS HABÍA...

40

¿CÓMO DE QUE QUIERES IR A LA ESCUELA...?

ERES INDIO, NO TIENES PARA QUÉ IR A LA ESCUELA

...CON QUE SEAS UN BUEN CRISTIANO ES SUFICIENTE, JODER LECHE...!

José Narro

ESPAÑA DESTRUYÓ TODA LA CULTURA DE LOS INDIOS (SUS ESCUELAS INCLUIDAS), PROHIBIENDO TODA MANIFESTACIÓN DE ELLA (ESCULTURA, PINTURA, ARTESANÍA, CANTOS Y BAILES...)

→ Y NO SE DIGA SUS PRÁCTICAS RELIGIOSAS (SI A ALGUIEN LE DESCUBRÍAN ÍDOLOS DE SUS DIOSES, LO MATABAN Y LISTO...)

LOS INDIOS FINGÍAN QUE CREÍAN EN EL "NUEVO DIOS", PERO SEGUÍAN CON LOS SUYOS...

YO VOY A VISITAR A LA GUADALUPITA, PERO LE REZO A LA TONANTZIN...

→ A LOS ESPAÑOLES NO LES INTERESABA NI EDUCAR, NI INSTRUIR AL INDIO; SÓLO CRISTIANIZARLO Y ALCOHOLIZARLO.

→ DÁNDOLES ALCOHOL (PULQUE) Y RELIGIÓN (MISA Y ROSARIOS) SE LOGRABA SEGUIRLOS EXPLOTANDO... ÉSA ERA LA META DE LA COLONIA... (Y PROSIGUE, AÑÁDASE EL FÚTBOL Y LA TV).

41

LOS INDIOS (Y SUS HIJOS QUE SEGUÍAN NACIENDO EN CANTIDADES INDUSTRIALES) NO RECIBÍAN NINGÚN TIPO DE EDUCACIÓN

Excepto el Catecismo de la Santa Madre Iglesia. Amén.

EN 1551 -30 AÑOS DESPUÉS DE LA CONQUISTA- SE FUNDÓ LA Real y Pontificia Universidad, DONDE SÓLO PODÍAN ESTUDIAR (LA BIBLIA Y OTRAS MATERIAS RELIGIOSAS) LOS ESPAÑOLES, CRIOLLOS Y LOS MESTIZOS DE CLASES ALTAS...

LOS INDIOS SÍ PODÍAN ENTRAR A LA UNIVERSIDAD... PARA LIMPIAR LOS BAÑOS Y BARRER LAS AULAS...

⇉ ¡MUJERES NO, NI SIENDO GALLEGAS!

José Narro

CUANDO EL BARÓN DE HUMBOLDT RECORRIÓ LA NUEVA ESPAÑA, ESCRIBIÓ:

VON HUMBOLDT

"LA NUEVA ESPAÑA ES EL PAÍS DE LA DESIGUALDAD. EN NINGUNA PARTE EXISTE TAN ESPANTOSA DISTRIBUCIÓN DE LAS FORTUNAS, DE LA CIVILIZACIÓN, DEL CULTIVO DEL SUELO Y DE LA POBLACIÓN..."

JODER, QUÉ TÍO TAN ESIGENTE...

¿Y POR QUÉ TRATABAN TAN CRUEL Y DESPIADADAMENTE A LOS INDIOS, QUIENES **DECÍAN** SER CRISTIANOS?

YO TE VOY A CONTESTAR

FRAY BERNARDINO DE SAHAGÚN, UNO DE LOS FRAILES "BUENOS"

Diego Rivera

"LA RELIGIÓN IDÓLATRA HIZO DEL INDIO UN SER DEGENERADO, SATÁNICO, PARA EL CUAL DIOS ENCONTRÓ EL CASTIGO PERFECTO Y SU CONVERSIÓN A LA VERDADERA RELIGIÓN CON UN SOLO INSTRUMENTO: LA CONQUISTA..."

O SEA: LOS INDIOS _SE MERECÍAN_ SER TRATADOS COMO RESES Y MARCADOS EN LA CARA COMO PARTE DEL GANADO DE SU DUEÑO... SI HUÍA, ERA SEÑAL DE SU BARBARIE; SI SE DEFENDÍA, DE SU INSTINTO ANIMAL...

43

# ¡¡ES DIFÍCIL ENCONTRAR UNA IDIOTEZ MAYOR QUE LA EXPRESADA POR FRAY BERNARDINO DE SAHAGÚN !!

AHORA NOS VENIMOS ENTERANDO QUE LOS ESPAÑOLES LES QUITARON SU CULTURA, DESTRUYERON SU SISTEMA SOCIAL. LOS DESPOJARON DE SUS BIENES, LOS MATARON, VIOLARON Y HUMILLARON, LOS VOLVIERON ESCLAVOS→ PARA SALVARLOS DEL INFIERNO Y LA PERDICIÓN Y

## CRISTIANIZARLOS ←◀◀◀

SIN EMBARGO, NO FALTAN QUIENES DEFIENDEN (EN MÉXICO INCLUSIVE) LA COLONIZACIÓN ESPAÑOLA, DICIENDO:

"VEAN QUE ESPAÑA NOS TRAJO LA CIVILIZACIÓN, LA LENGUA, LOS CAMINOS, LOS HOSPITALES, LAS ESCUELAS, LA CULTURA, Y SOBRE TODO LA VERDADERA RELIGIÓN... SI NO HUBIERA SIDO ASÍ, SEGUIRÍAMOS SIENDO SALVAJES..."

(ALGÚN PANISTA)

Diego Rivera

→ En 1799, en un informe al Rey, el Obispo de Morelia, Abad y Queipo, describía así a los indios →

García Cabral

"SE HALLAN EN EL MAYOR ABATIMIENTO Y DEGRADACIÓN. EL COLOR, LA IGNORANCIA Y LA MISERIA LOS COLOCAN A UNA DISTANCIA INFINITA DE UN ESPAÑOL. → EL INDIO ES ESTÚPIDO POR CONSTITUCIÓN, SIN TALENTO NI FUERZA DE PENSAMIENTO, BORRACHO POR INSTINTO, CARNAL POR VICIO DE IMAGINACIÓN, DESCUIDADO EN LA VIRTUD CRISTIANA, INSENSIBLE A LAS VIRTUDES RELIGIOSAS, APÁTICO, MENTALMENTE ATRASADO, SUCIO, INERTE, SUPERSTICIOSO, FLOJO, GASTA EN PÓLVORA Y COHETES SU MISERABLE ECONOMÍA, Y POR AÑADIDURA, AFECTO A LA EMBRIAGUEZ"... (COÑO... ¿QUIÉN LO HIZO ASÍ?)

45

¡¿cómo vamos a progresar con gente así...!?

¡plebe, escoria, populacho...en una palabra, pobres!

J. Clemente Orozco

YA CASI LLEGANDO A 1810, LA NUEVA ESPAÑA TENÍA
6 MILLONES Y PICO DE HABITANTES, DE LOS CUALES
3 MILLONES 700 MIL ERAN INDIOS
1 MILLÓN Y MEDIO MESTIZOS Y LUMPEN
1 MILLÓN DE CRIOLLOS Y
60 MIL ESPAÑOLES ← QUE ERAN LOS QUE MANDABAN, CON
GRAN ENOJO DE LOS **CRIOLLOS**

CRIO YO QUE ALGO VA A PASAR EN 1810...

(SI SIGUE LEYENDO ESTE LIBRAJO VERÁ LO QUE PASÓ..>

El Fisgón

1  3

46

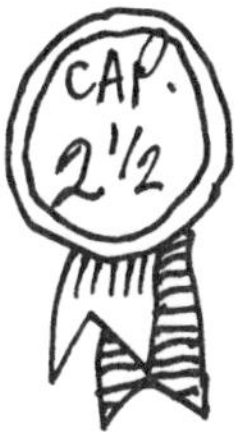
CAP. 2 1/2

# 1810: el grito de dolor es

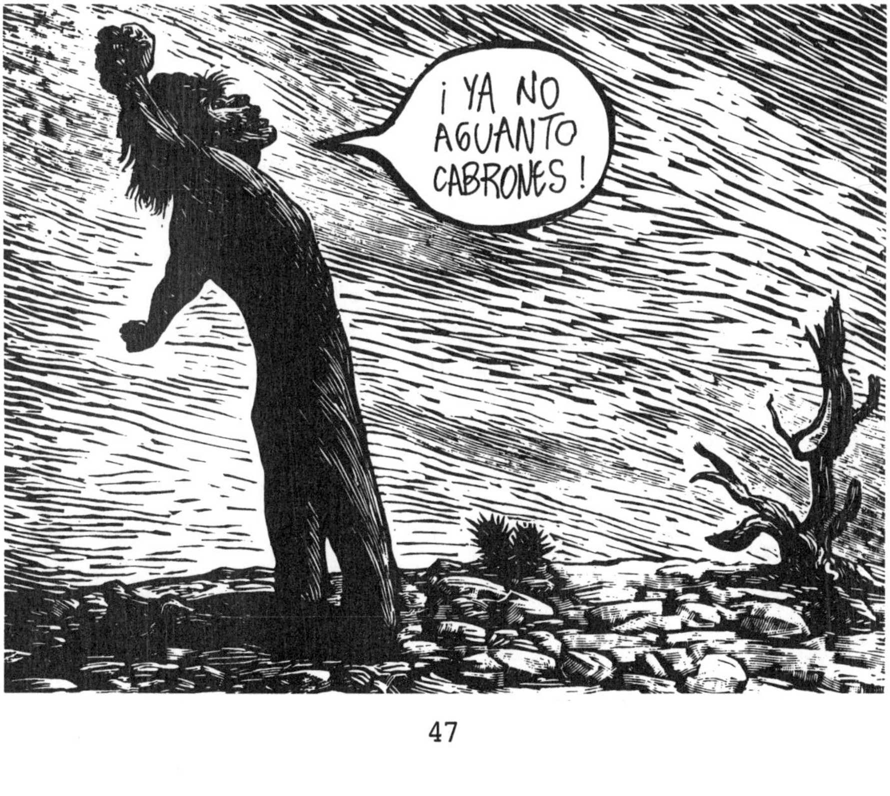
¡YA NO AGUANTO CABRONES!

Leopoldo Méndez

Va un pequeño rollito para explicar brevemente por qué y cómo don Miguel Hidalgo tuvo que dar su famoso grito en Dolores.

Como ya sabe el lector, la Nueva España era gobernada por VIRREYES que nombraba el Rey de España. Todos los virreyes que hubo fueron españoles, menos 3 que fueron criollos. Doce de ellos fueron obispos y arzobispos, pa' que vean la fuerza del Clero.

> EL CLERO TENDRÁ MUCHA FUERZA EN ESPAÑA. PERO EN FRANCIA, DESDE NUESTRA REVOLUFIA DEL 1789. SE FUERON AL DIABLO...

NAPOLEÓN

Bueno, pues resulta que en marzo de 1808 don Napoleón invadió España y metió al bote al rey Carlos IV y a su hijo Fernando VII, para poner al frente del reino español a su hermano (de Napo ) José Bonaparte, a quien el pueblo bautizó como "Pepe Botella" (hic).
Así que en la Nueva España estaban hechos bolas porque se habían quedado sin Rey, o sea que el Virrey Iturrigaray ¿ a quién diablos representaba..? Ni modo que a Pepe Botella (hic).
Eso hizo pensar a varios criollos que era un momento ideal para independizarse de España, cosa que no era muy del completo agrado de los españoles que tenían el poder en la Nueva España.

GACHUPINES →
¡ EL PODER ESTÁ EN EL REY DE ESPAÑA SEÑORES !
← CRIOLLOS →
¡PERO EL REY DE ESPAÑA ES FRANCÉS !
ESO...
¿ AHORA NOS VAMOS A LLAMAR NUEVA FRANCIA ?
OH, LÁLÁ

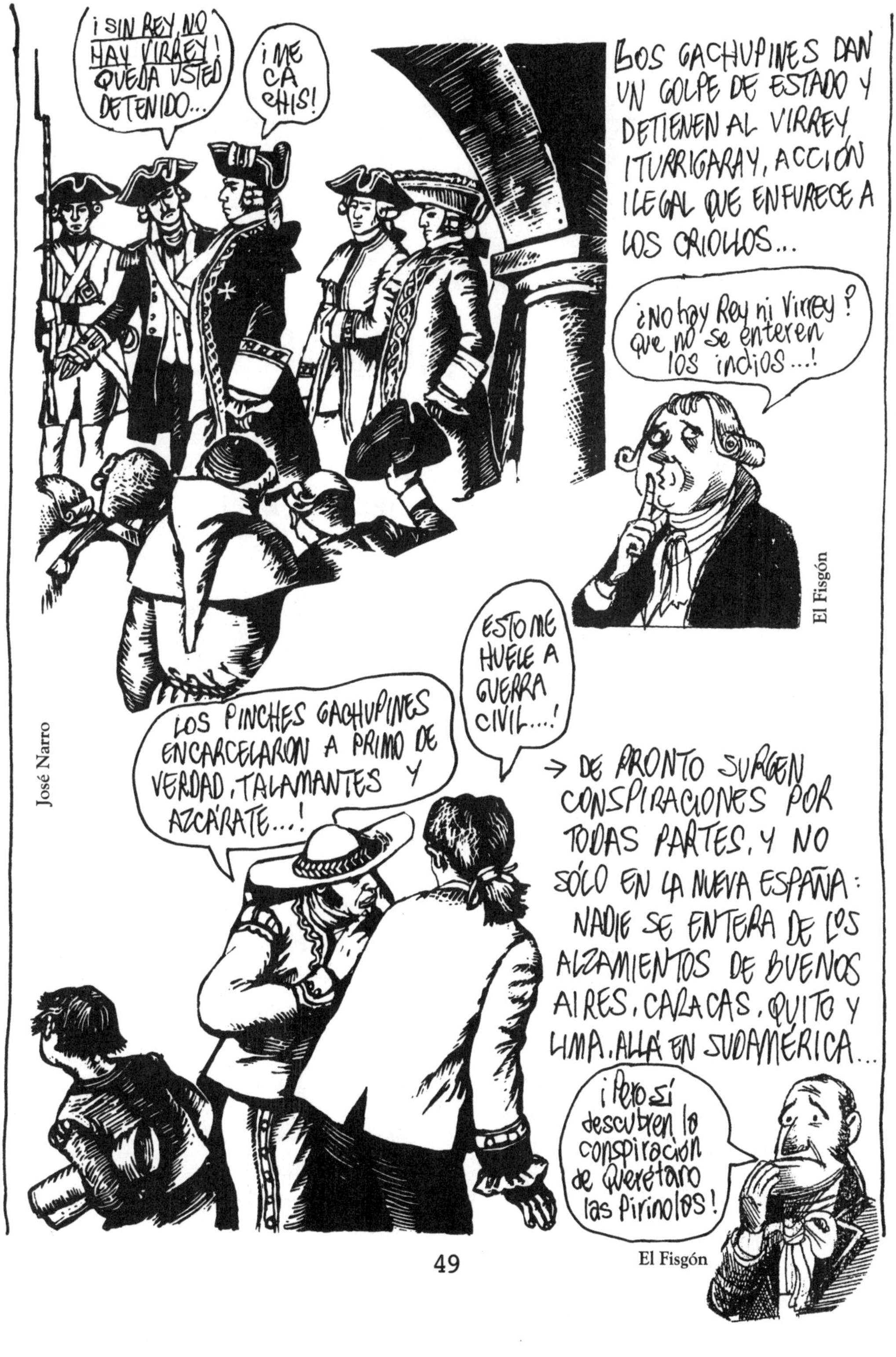
¡SIN REY, NO HAY VIRREY! QUEDA USTED DETENIDO...
¡ME CA CHIS!
LOS GACHUPINES DAN UN GOLPE DE ESTADO Y DETIENEN AL VIRREY ITURRIGARAY, ACCIÓN ILEGAL QUE ENFURECE A LOS CRIOLLOS...
¿No hay Rey ni Virrey? que no se enteren los indios...!
El Fisgón
ESTO ME HUELE A GUERRA CIVIL...!
LOS PINCHES GACHUPINES ENCARCELARON A PRIMO DE VERDAD, TALAMANTES Y AZCÁRATE...!
José Narro
→ DE PRONTO SURGEN CONSPIRACIONES POR TODAS PARTES, Y NO SÓLO EN LA NUEVA ESPAÑA: NADIE SE ENTERA DE LOS ALZAMIENTOS DE BUENOS AIRES, CARACAS, QUITO Y LIMA, ALLÁ EN SUDAMÉRICA...
¡Pero sí descubren la conspiración de Querétaro las Pirinolos!
El Fisgón

¿ QUÉ PASA EN QUERÉTARO ?

El Fisgón

¡ UN TAL CURA HIDALGO, UNO DE ESOS POBRETONES INFLUENCIADOS POR DOCTRINAS **ESÓTICAS** DE FRATERNIDAD, IGUALDAD, LIBERTAD Y TAL…!

## ¿ QUIÉN ES EL CURA HIDALGO ?

NATIVO DE PÉNJAMO, GUANAJUATO (1753), ORDENADO SACERDOTE EN 1778, MIGUEL HIDALGO Y COSTILLA FORMABA PARTE DEL CLERO "BAJO" (BAJO EN INGRESOS SOBRE TODO), DESPRECIADO POR EL ALTO CLERO ESPAÑOL QUE MANDABA EN EL PAÍS…

José Narro

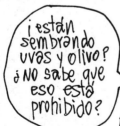

un cura pobre es un pobre cura…

LECTOR APASIONADO DE LOS ENCICLOPEDISTAS FRANCESES (DIDEROT, VOLTAIRE, ROUSSEAU), SE DEDICÓ A AYUDAR A LOS INDIOS PARA SACARLOS DE LA MISERIA EN QUE VIVÍAN, ENSEÑÁNDOLES VARIOS OFICIOS Y ARTESANÍAS… ¡ EL CURITA SUBVERSIVO <u>HABLABA OTOMÍ</u>!

(Y <u>NÁHUATL Y TARASCO</u>)

¡ están sembrando uvas y olivo? ¿ NO sabe que eso está prohibido?

EZO NO TIENE IMPORTANZIA, SU ESELENCIA: LO PEOR ES QUE ANDA **CONSPIRANDO**…!

50

HIDALGO SE HABÍA UNIDO A UN GRUPO DE CRIOLLOS DESCONTENTOS ENCABEZADO POR LOS JÓVENES MILITARES IGNACIO ALLENDE, JUAN ALDAMA Y EL CORREGIDOR DE QUERÉTARO, MIGUEL DOMÍNGUEZ, ENTRE OTROS. PLANEABAN SUBLEVARSE, PERO LOS DESCUBRIERON...

LA PROCU YA TIENE LA ORDEN DE APREHENZIÓN, CONTRA !

ALERTADOS POR LA ESPOSA DEL CORREGIDOR, DOÑA **JOSEFA** ...LOS CONSPIRADORES DECIDIERON MADRUGARLES A LOS GACHUPINES EN LA NOCHE DEL MERO 15 DE SEPTIEMBRE DEL AÑO DE **1810**.

¡ CARAY APÁ, ESCOGIERON EL MERO DÍA DEL GRITO...!

¡ NO POR NADA LE DECÍAN "EL ZORRO" AL CURA HIDALGO !

ESE DÍA, CON EL GRITO DE REBELIÓN DE HIDALGO, SE INICIÓ LA **GUERRA** DE INDEPENDENCIA...

José Narro

51

¿ Y QUÉ GRITÓ EL PADRE HIDALGO?

¡VIVA LA AMÉRICA LIBRE! ¡MUERA EL MAL GOBIERNO! ¡VIVA LA VIRGEN DE GUADALUPE...! *

¿...LA VIRGEN...?

CLARO: ZORRO COMO ERA, HIDALGO SE CONSIGUIÓ UN ESTANDARTE DE LA VIRGEN PARA QUE LOS INDIOS LO SIGUIERAN...

* según algunos, también gritó "¡ VIVA FDO.VII!"

Y ES QUE...EL PADRECITO HIDALGO QUERÍA... ¡ ACABAR CON LA ESCLAVITUD Y HASTA REGRESARLES SUS TIERRAS A LOS INDIOS !

¡SANTO DIOS!

VIÑETAS DE LAS COLECCIONES DE →

CARLOS MONSIVÁIS ↓

LA CANDELARIA →

VIVA IMR. S/D GUADALUPE.

Audiffred

52

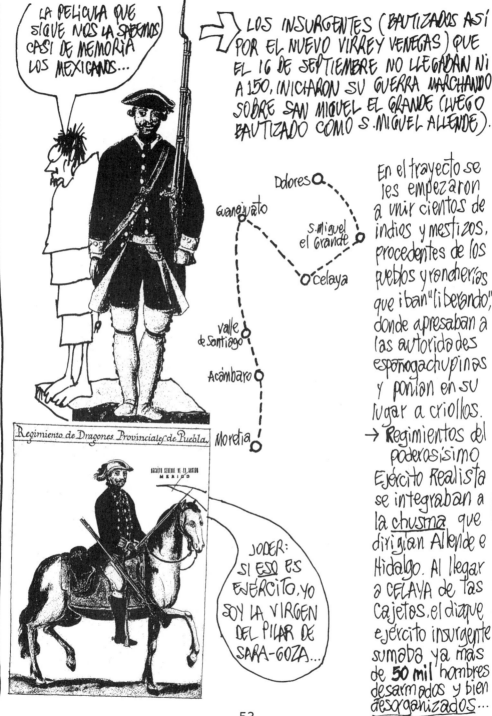

LA PELICULA QUE SIGUE NOS LA SABEMOS CASI DE MEMORIA LOS MEXICANOS...

LOS INSURGENTES (BAUTIZADOS ASÍ POR EL NUEVO VIRREY VENEGAS) QUE EL 16 DE SEPTIEMBRE NO LLEGABAN NI A 150, INICIARON SU GUERRA MARCHANDO SOBRE SAN MIGUEL EL GRANDE (LUEGO BAUTIZADO COMO S.MIGUEL ALLENDE).

Dolores
Guanajuato
S.Miguel el Grande
Celaya
Valle de Santiago
Acámbaro
Morelia

En el trayecto se les empezaron a unir cientos de indios y mestizos, procedentes de los pueblos y rancherías que iban "liberando", donde apresaban a las autoridades españogachupinas y ponían en su lugar a criollos.

→ Regimientos del poderosísimo Ejército Realista se integraban a la chusma que dirigían Allende e Hidalgo. Al llegar a CELAYA de las cajetas, el dique ejército insurgente sumaba ya más de **50 mil** hombres desarmados y bien desorganizados...

Regimiento de Dragones Provinciales de Puebla

EJÉRCITO GENERAL DE EL ANTICUO MÉXICO

JODER: SI ESO ES EJÉRCITO, YO SOY LA VIRGEN DEL PILAR DE SARA-GOZA...

EN GUANAJUATO TODOS LOS GACHUPINES Y SUS FAMILIAS SE HABÍAN ATRINCHERADO EN LA PODEROSA **ALHÓNDIGA DE GRANADITAS**. NO CONTABAN CON LA ASTUCIA DEL _PÍPILA_ ----->
ENTRÓ LA CHUSMA Y CONVIRTIÓ AQUELLO EN UNA CARNICERÍA: TODOS SUS OCUPANTES FUERON PASADOS A MACHETE...

¿...AQUÍ PIDIERON UNA PIZZA?

PÍPILA SE ACERCÓ A LA PUERTA Y LE PRENDIÓ FUEGO

¡madrísima madre!

HIDALGO NO ESTABA PRESENTE, PERO NI ÉL HUBIERA PODIDO EVITARLO...

Leopoldo Méndez

¡NADIE HUBIERA PODIDO EVITAR QUE AQUELLOS INDIOS, TRAS 300 AÑOS DE SER HUMILLADOS, GOLPEADOS Y ASESINADOS, DISCRIMINADOS, BURLADOS, OFENDIDOS, DESPOJADOS, ESCLAVIZADOS, CAZADOS COMO ANIMALES, TRATADOS A PATADAS, ALCOHOLIZADOS PARA ROBARLES, MARCADOS COMO BORREGOS Y EXPLOTADOS... TUVIERAN UNA PEQUEÑA VENGANZA CONTRA QUIENES LOS HABÍAN "CRISTIANIZADO" DE ESA MANERA... (Amor con amor se paga.)

LA MATANZA DE GACHUPINES EN GUANAJUATO LE VALIÓ AL CURA HIDALGO LA PRIMERA EXCOMUNIÓN POR PARTE DE MANUEL ABAD Y QUEIPO, OBISPO DE MICHOACÁN... QUE NO DIJO NI MEDIA PALABRA EN LA MASACRE DE 14 MIL INDIOS Y SEGUIDORES DE LOS INSURGENTES QUE LLEVÓ A CABO **FÉLIX CALLEJA**, JEFE DEL EJÉRCITO REALISTA, DEGOLLÁNDOLOS A TODOS PARA AHORRARSE BALAS*. (CALLEJA MATABA 4 × 1 = CUATRO INSURGENTES POR UN ESPAÑOL REALISTA)

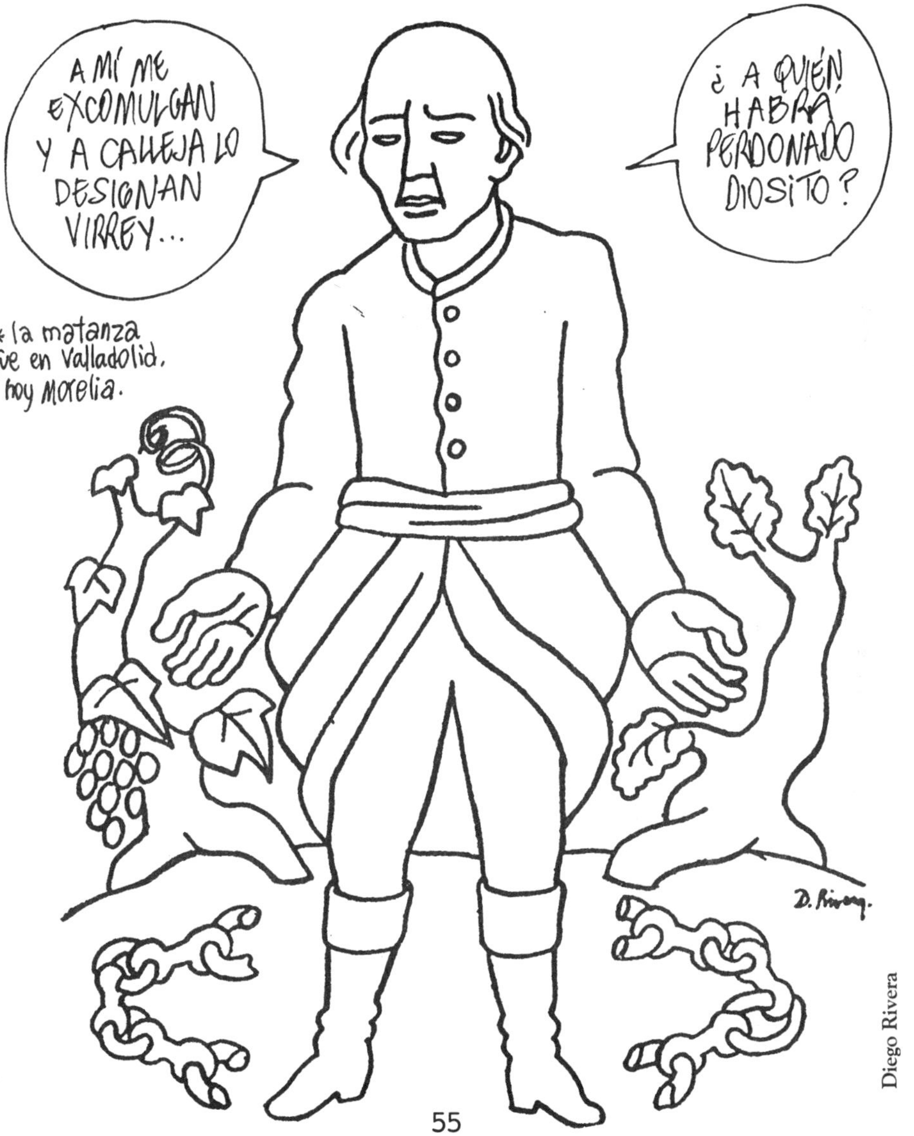
A MÍ ME EXCOMULGAN Y A CALLEJA LO DESIGNAN VIRREY...
¿A QUIÉN HABRÁ PERDONADO DIOSITO?
D. Rivera.

* la matanza fue en Valladolid, hoy Morelia.

Diego Rivera

PERO LO QUE TENÍA MÁS ALARMADOS A LOS GACHUPAS NO ERAN LOS SAQUEOS Y MATAZONES DE LA PLEBE QUE SEGUÍA A HIDALGO, SINO LO QUE EL CURA ESTABA HACIENDO EN SU PAPEL DE GENERALÍSIMO DE AMÉRICA:

¡YA DECRETÓ EN GUADALAXARA LA ABOLICIÓN DE LA ESCLAVITUD!

Y QUE LOS INDIOS YA NO PAGUEN EL TRIBUTO!!

¡Y LO PEOR DE LO PEOR!

ESTO NO ES UNA GUERRA, COÑO: ESTO ES UNA REVOLUCIÓN...

José Narro

# DECRETO ORDENANDO LA DEVOLUCIÓN DE TIERRAS A LOS PUEBLOS INDÍGENAS

**Miguel Hidalgo y Costilla**

Don Miguel Hidalgo y Costilla, Generalísimo de América, etc.

Por el presente mando a los jueces y justicias del distrito de esta capital, que inmediatamente procedan a la recaudación de las rentas vencidas hasta el día, por los arrendatarios de las tierras pertenecientes a las comunidades de los naturales, para que enterándolas en la Caja Nacional se entreguen a los referidos naturales las tierras para su cultivo, sin que para lo sucesivo puedan arrendarse, pues es mi voluntad que su goce sea únicamente de los naturales en sus respectivos pueblos.

Dado en mi Cuartel General de Guadalajara, a 5 de diciembre de 1810

*Miguel Hidalgo, Generalísimo de América.*

OÍGAME...
¿ Y POR QUÉ
LOS LIBROS DE
TEXTO GRATUITOS
NO DICEN ESTAS
COSAS DE
HIDALGO ?

Ranchero.

ES MUY CURIOSO -Y
SIGNIFICATIVO- QUE
LA HISTORIA OFICIAL
DE NUESTROS HÉROES
HABLE DE FECHAS Y
ANÉCDOTAS, HAZAÑAS
MILITARES, ESTUDIOS
Y HASTA GUSTOS
CULINARIOS... Y SE
OLVIDEN DE LO MERO
PRINCIPAL

SUS
IDEAS.

O SEA:
CUÁL ERA EL
PENSAMIENTO, LA
IDEOLOGÍA, CUÁL
ERA SU POSTURA
SOBRE LA IGLESIA,
SOBRE EL ESTADO
O SOBRE EL PAÍS
QUE QUERÍAN CAMBIAR.

CLARO QUE QUIERO LA INDEPENDENCIA DEL PAÍS, PERO NO PARA QUE SIGAN MANDANDO LOS RICOS Y EL CLERO...

José Narro

AY PADRE HIDALGO, EN QUÉ LÍOS TE ESTÁS METIENDO...

José Narro

...Y LA GUERRA SIGUIÓ...

LA TIRADA ES ACABAR CON LA MISERIA DE LOS INDIOS Y QUE SE LES HAGA JUSTICIA...

HIDALGO

...DICEN LOS HISTORIADORES SERIOS QUE MÁS DE 500 SACERDOTES SE SUMARON A LA LUCHA INSURGENTE, EL MÁS FAMOSO DE ELLOS FUE *José María Morelos y Pavón* (ARRIBA, EN EXTRAÑO Y POCO CONOCIDO RETRATO)

58

MICHOACANO DE VALLADOLID (HOY MORELIA), DE CONDICIÓN HUMILDE,
ARRIERO CONOCEDOR DE LOS CAMINOS DEL SUR Y OBRERO AGRÍCOLA
HASTA QUE DECIDIÓ ESTUDIAR PARA CURA EN EL COLEGIO DE SAN
NICOLÁS, DONDE HIDALGO ERA RECTOR. YA CURA TRABAJÓ EN LOS
CURATOS -POBRETONES- DE CHURUMUCO, NOCUPÉTARO Y CARÁCUARO,
DE DONDE SALIÓ PARA UNIRSE A DON MIGUEL HIDALGO...
→ OTRO DATO CURIOSO: MORELOS TENÍA SANGRE NEGRA (Y ROJA, CLARO...)

José Narro

DONDE LAS COSAS SE ESTABAN ENFRIANDO ERA CON ALLENDE
↓

YA NO AGUANTO AL CURITA CON SUS INDIOS

Diego Rivera

MILITAR COMO ERA, ALLENDE TENÍA MUCHOS PROBLEMAS CON HIDALGO (Y VICEVERSA). PROBLEMAS QUE INFLUYERON EN EL CURSO DE LA GUERRA... (HIDALGO ACABÓ SIENDO SU PRISIONERO...)

SOSPECHO QUE LOS CRIOLLOS SÓLO QUIEREN QUEDARSE CON LOS PUESTOS DE LOS GALLEGOS.

MIENTRAS LA HISTORIA LE DABA LA RAZÓN, HIDALGO AVANZÓ CON 80 MIL HOMBRES SOBRE MEXICO CITY Y EN EL MONTE DE LAS CRUCES DERROTÓ AL EJÉRCITO REAL DEL COR. TRUJILLO... ¡LA CIUDAD DE MÉXICO ESTÁ AHÍ NOMÁS TRAS LOMITA Y CASI INDEFENSA!

¡MIRA NABOR, DESDE AQUÍ SE VE EL ÁNGEL...!

60

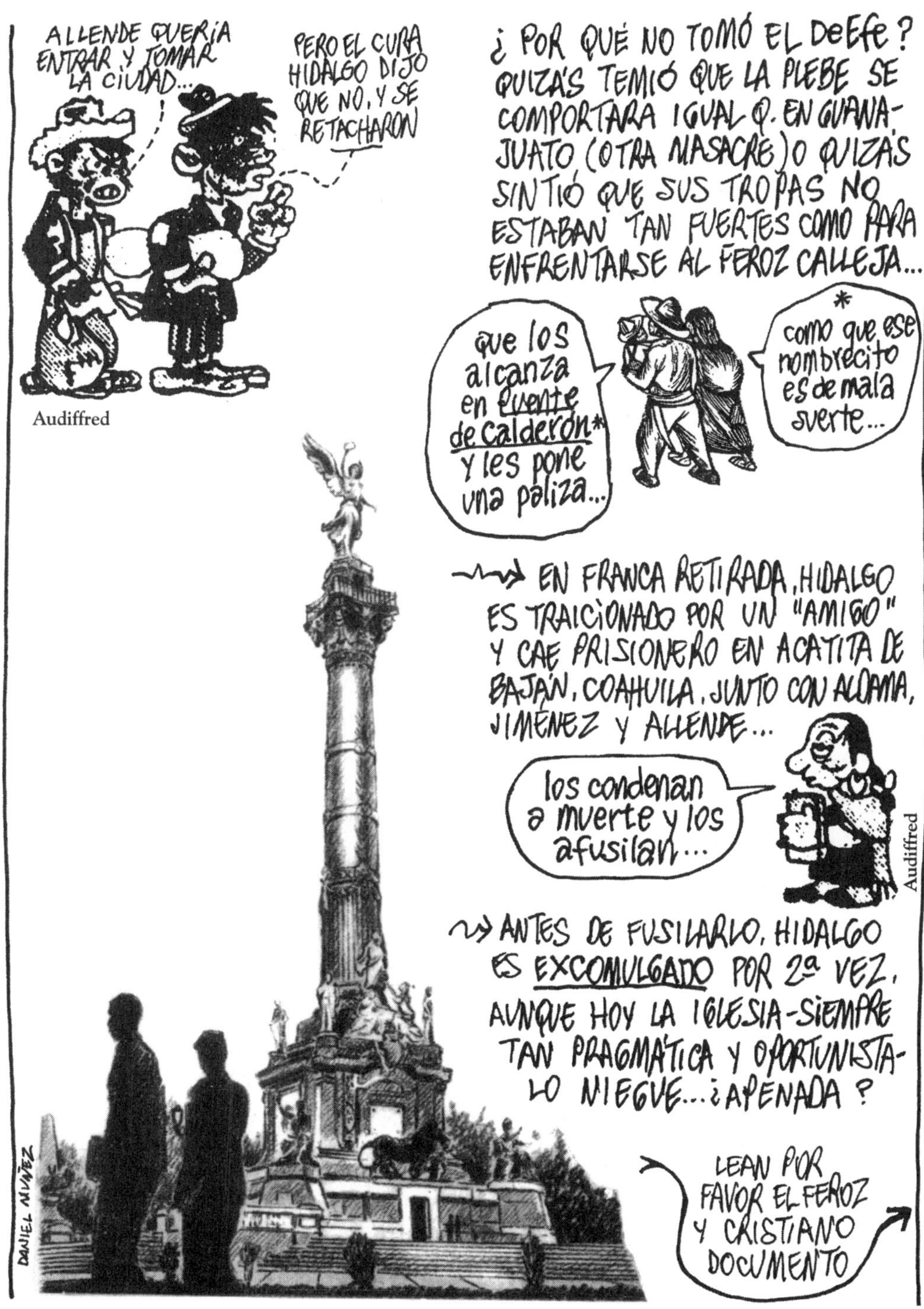
ALLENDE QUERÍA ENTRAR Y TOMAR LA CIUDAD...
PERO EL CURA HIDALGO DIJO QUE NO, Y SE RETACHARON
Audiffred
¿POR QUÉ NO TOMÓ EL DeEfe? QUIZÁS TEMIÓ QUE LA PLEBE SE COMPORTARA IGUAL Q. EN GUANAJUATO (OTRA MASACRE) O QUIZÁS SINTIÓ QUE SUS TROPAS NO ESTABAN TAN FUERTES COMO PARA ENFRENTARSE AL FEROZ CALLEJA...
que los alcanza en puente de calderón* y les pone una paliza...
* como que ese nombrecito es de mala suerte...
EN FRANCA RETIRADA, HIDALGO ES TRAICIONADO POR UN "AMIGO" Y CAE PRISIONERO EN ACATITA DE BAJÁN, COAHUILA, JUNTO CON ALDAMA, JIMÉNEZ Y ALLENDE...
los condenan a muerte y los afusilan...
Audiffred
ANTES DE FUSILARLO, HIDALGO ES EXCOMULGADO POR 2ª VEZ, AUNQUE HOY LA IGLESIA -SIEMPRE TAN PRAGMÁTICA Y OPORTUNISTA- LO NIEGUE... ¿APENADA?
LEAN POR FAVOR EL FEROZ Y CRISTIANO DOCUMENTO
DANIEL MUÑEZ

# DECRETO DE EXCOMUNIÓN
# CONTRA EL CURA MIGUEL HIDALGO

Por autoridad del Dios Omnipotente, el Padre, el Hijo y el Espíritu Santo y de los santos cánones y de las virtudes celestiales, ángeles, arcángeles, tronos, dominaciones, papas, querubines y serafines: de todos los Santos Inocentes, quienes a la vista del Santo Cordero se encuentran dignos de cantar la nueva canción, y de los Santos mártires y Santos confesores, y de las santas vírgenes, y de los santos y electos de Dios:

SEA CONDENADO MIGUEL HIDALGO Y COSTILLA,
excura del pueblo de Dolores.

Lo excomulgamos y anatemizamos, y de los umbrales de la Iglesia del Todopoderoso Dios, lo secuestramos para que pueda ser atormentado eternamente por indecibles sufrimientos, justamente con Dathán y Habirán y todos aquellos que le dicen al Señor Dios : ¡Vete de nosotros porque no queremos ninguno de tus caminos ! Y así como el fuego es extinguido por el agua, que se aparte de él la luz para siempre jamás. Que el Hijo, quien sufrió por nosotros lo maldiga. Que el Espíritu Santo, que nos fue dado a nosotros en el bautismo, lo maldiga. Que la Santa Cruz a la cual Cristo, por nuestra salvación ascendió victorioso sobre sus enemigos, lo maldiga. Que la Santa y Eterna Madre de Dios, lo maldiga. Que San Miguel, el abogado de los santos, lo maldiga. Que todos los ángeles, los principados y arcángeles y las potestades y todos los ejércitos celestiales, lo maldigan. Que San Juan el Precursor, San Pablo y San Juan Evangelista y San Andrés, y todos los demás apóstoles de Cristo juntos, lo maldigan.

Y que el resto de sus Discípulos y los Cuatro Evangelistas, quienes Por su predicación convirtieron al mundo universal, y la Santa y admirable compañía de mártires y confesores, quienes por su santa obra se encuentran aceptables al Dios Omnipotente, lo maldigan. Que el Cristo de la Santa Virgen lo condene. Que todos los santos, desde el principio del mundo y todas las edades que se encuentran ser amados de Dios, lo condenen.

Y que el Cielo y la Tierra y todo lo que hay en ellos, lo condenen. Sea condenado Miguel Hidalgo y Costilla, en dondequiera que esté, en la casa o en el campo, en el camino o en las veredas, en los bosques o en el agua, y aun en la iglesia. Que sea maldito en la vida o en la muerte, en el comer o en el beber, en el ayuno, en la sed, en el dormir, en la vigilia y andando, estando de pie o sentado; estando acostado o andando, mingiendo o cantando, y en toda sangría.

Que sea maldito en su pelo, que sea maldito en su cerebro, que sea maldito en la corona de su cabeza y en sus sienes; en su frente y en sus oídos, en sus cejas y en sus mejillas, en sus quijadas y en sus narices, en sus dientes anteriores y en sus molares, en sus labios y en su garganta, en sus hombros y en sus muñecas, en sus brazos, en sus manos y en sus dedos.

Que sea condenado en su boca, en su pecho y en su corazón y en todas las vísceras de su cuerpo. Que sea condenado en sus venas y en sus muslos, en sus caderas, en sus rodillas, en sus piernas, pies y en las uñas de sus pies. Que sea maldito en todas las junturas y articulaciones de su cuerpo, desde arriba de su cabeza hasta la planta de su pie; que no haya nada bueno en él. Que el Hijo del Dios Viviente, con toda la gloria de su Majestad, lo maldiga. Y que el Cielo, con todos los poderes que en él se mueven, se levanten contra él. QUE LO MALDIGAN Y CONDENEN.

¡Amén! Así sea. ¡Amén !

Obispo Manuel Abad y Queipo

Chihuahua, 29 de julio de 1811.

MUERTOS HIDALGO Y ALLENDE, EL PESO DE LA DISPAREJA GUERRA LE CAE ENCIMA A MORELOS, MENOS PREPARADO QUE HIDALGO (Y MENOS "DURO")

"NO SE GANA NADA DEGOLLANDO GACHUPINES, PERO SI SE LLEVAN ASÍ, POS QUE SE AGUANTEN..."

José Narro

↑ autógrafo de Morelos.

MORELOS NO SE AUTONOMBRA "GENERALÍSIMO DE LAS AMÉRICAS", NI "SU ALTEZA SERENÍSIMA" -COMO HIDALGO-, SIMPLEMENTE SE HACE LLAMAR **SIERVO DE LA NACIÓN** Y <u>ORGANIZA</u> SU EJÉRCITO...

Vicente Guerrero.

YO ME CONSIDERO ALUMNO DE MORELOS.

...IGUAL NOSOTROS, LOS BRAVO...

...Y YO, EL CURITA MARIANO MATAMOROS, LO MISMO...

QUE NO SE NOS OLVIDEN LOS **GALEANA** !

Nicolás Bravo.

CON UN EJÉRCITO PEQUEÑO, PERO BIEN ORGANIZADO Y BUENOS LUGARTENIENTES, MORELOS LOGRA VICTORIAS IMPORTANTES (ORIZABA, OAXACA, ACAPULCO, CHILPANCINGO, CUAUTLA.) (¡Hasta Calleja lo respetaba !)

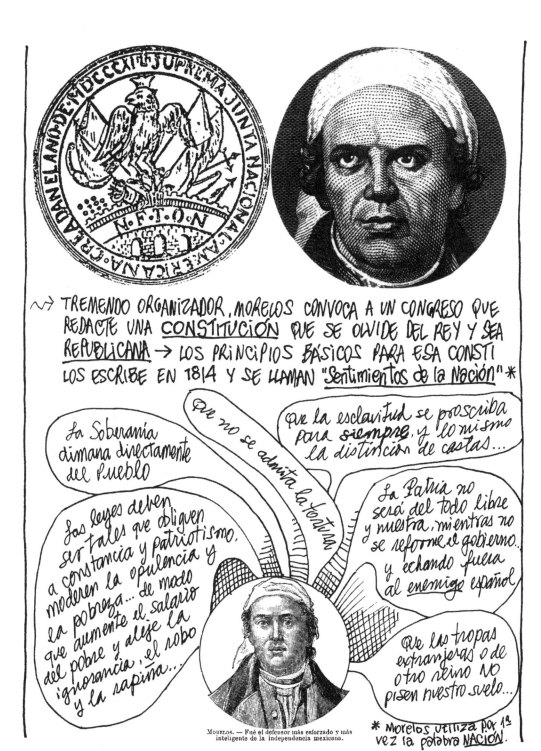

→ TREMENDO ORGANIZADOR, MORELOS CONVOCA A UN CONGRESO QUE REDACTE UNA <u>CONSTITUCIÓN</u> QUE SE OLVIDE DEL REY Y SEA <u>REPUBLICANA</u> → LOS PRINCIPIOS BÁSICOS PARA ESA CONSTI LOS ESCRIBE EN 1814 Y SE LLAMAN "<u>Sentimientos de la Nación</u>" *

La Soberanía dimana directamente del Pueblo

Que no se admita la tortura

Que la esclavitud se proscriba para <s>siempre</s>, y lo mismo la distinción de castas...

Las leyes deben ser tales que obliguen a constancia y patriotismo, moderen la opulencia y la pobreza... de modo que aumente el salario del pobre y aleje la ignorancia, el robo y la rapiña...

La Patria no será del todo libre y nuestra, mientras no se reforme el gobierno... y echando fuera al enemigo español

Que las tropas extranjeras o de otro reino NO pisen nuestro suelo...

MORELOS. — Fué el defensor más esforzado y más inteligente de la independencia mexicana.

* Morelos utiliza por 1ª vez la palabra <u>NACIÓN</u>.

DESGRACIADAMENTE, LA HISTORIA NUNCA SE AJUSTA A LOS DESEOS E ILUSIONES DE UNO...

TRATANDO DE LLEGAR A TEHUACÁN, EL **RAYO DEL SUR** (PARECE NOMBRE DE LUCHADOR, NI MODO...) ES HECHO PRISIONERO EL 6-XI-1815, JUZGADO, EXCOMULGADO, DEGRADADO Y FUSILADO, EL 22-XII-1815 EN S. CRISTÓBAL ECATEPEC...

F. Castro Pacheco

SE PUEDE DECIR QUE CON LA MUERTE DE MORELOS MURIÓ LA GUERRA INSURGENTE POR INDEPENDIZARNOS DE ESPAÑA... Y MURIÓ TAMBIÉN LA ESPERANZA DE LOS MILLONES DE INDIOS QUE CREYERON QUE LA GUADALUPANA LES IBA A HACER EL MILAGRO...

NI MODO: HAY QUE SEGUIR ESPERANDO...

José Narro

66

# ¿ Y LOS INDIOS ?
## Bien, gracias…

LA PARTICIPACIÓN DE LOS INDIOS EN LA GUERRA DE INDEPENDENCIA, NO LES AYUDÓ EN NADA: SIGUIERON SIENDO POBRES Y, PEOR TODAVÍA, SE LES CASTIGÓ POR HABER LUCHADO AL LADO DE HIDALGO Y MORELOS…

¿ Y QUIÉN GANÓ LA GUERRA ?

POS QUESQUE OTRA VEZ LOS GACHUPINES…

Alberto Beltrán

EMPEZABAN A ACOSTUMBRARSE A SEGUIR ACTUANDO EN EL PAPEL DE "EXTRAS" EN LAS PELÍCULAS QUE SEGUIRÍAN… A HACERLA DE VIL CARNE DE CAÑÓN, COMO LO HABÍAN HECHO LOS TLAXCALTECAS… (TOTAL: PEOR NO PODÍAN ESTAR…) ¿…O SÍ…?

67

# The Independiente News and Trivia

*El periódico que calla lo que otros dicen, pero gratis.*          *Año 1811 núm. 1*

## Descubren castas en la Nueva España, reportan.

Méjico Ciudad
(del corresponsal, Venancio )
Se ha comunicado a nuestra población el descubrimiento de varias mujeres castas que no se encuentran recluidas en los conventos, pero que forman parte de la población de la Nueva España. Se trata de mujeres que son resultado de distintas cruzas entre mujeres y hombres de diferentes colores, como es decir, que un infante resultado de la cruza carnal entre un hispano y una india, se denomina *mestizo o mestiza* si es hembra. Es decir que, no habiendo pureza de sangre más que del lado peninsular, no se le considera a la *mestiza* como de raza pura.

Nos ha sido muy difícil conseguir la lista de estas *castas* que pueblan la Nueva España, pero finalmente lo hemos logrado. Y ésta es la lista de las *castas* de este país.

Español + india = mestizo
Mestizo + española= castizo
Español + negra= mulato
Español + mora= albino
Español + albina= tornatrás
Indio + tornatrás = lobo
Lobo + india= sambaigo
Sambaigo + india= cambujo
Cambujo + mulata = albarazado
Albarazado + mulata= barquino
Barquino + mulata= coyote
Coyote + india = chamizo
Hay otras mezclas que no he podido entender a cabalidad y luego las mando.

### Acusan al cura Hidalgo de paternidad irresponsable.

Se ha acusado al sacerdote Miguel Hidalgo y Costilla de falsificar su segundo apellido que debería ser *Costillas (con s al final)* pues hásele hallado tener hijos con <u>varias</u> mujeres, no con una sola.

Las demandantes, que son tres, han manifestado ser madres de hijos del susodicho cura, quien dicen se niega a pasarles el gasto en tanto no termine la Guerra que dice haber emprendido. Ellas son, Manuela Ramos Pichardo, con 2 hijos del presunto padre; Josefa Quintana Castañón, con 2 hijos también, y Bibiana Lucero, que afirma tener 1 hijo procreado en unión con el sr. Hidalgo.

El Juez de lo Civil ha tomado nota del asunto y se le han enviado ya citatorios para que responda ante las autoridades de su irresponsabilidad como padre de familia, no de la iglesia.

### Gallego se queja de ser llamado el gachupín.

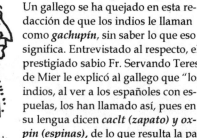

Fr. Servando Teresa de M. en persona.

Un gallego se ha quejado en esta redacción de que los indios le llaman como *gachupín*, sin saber lo que eso significa. Entrevistado al respecto, el prestigiado sabio Fr. Servando Teresa de Mier le explicó al gallego que "los indios, al ver a los españoles con espuelas, los han llamado así, pues en su lengua dicen *caclt (zapato) y oxpin (espinas)*, de lo que resulta la palabra <u>gachupín</u>." No entendimos nada, pero así lo dejamos.

**DESCUBREN A GALLEGO DISFRAZADO DE NAVARRO QUE SE HACÍA PASAR POR MEJICANO.** Las tropas realistas descubrieron a un estraño individuo de nombre Francisco Xavier Mina, quien portando vestimentas de alzado contra el Rey, incitaba a la plebe a levantarse en armas. Por lo cual fue pasado por las armas, en el buen sentido de la palabra, para que no vuelva a hacerlo nunca jamás.

# ¿ POS CUÁL INDEPENDENCIA ?

José Narro

va otro rollito para explicar lo de Iturbide

· · · · · · · · · · · · · · · · · · · · · · · · · · · · · · · · · · · · · · · · · · · · · · · · · · · · · · · · · · · ·

El coronel Agustín de Iturbide formaba parte del Ejército Realista que había combatido ferozmente contra los Insurgentes. El movimiento insurgente estaba casi desaparecido y sólo estaba Vicente Guerrero trepado en la sierra guerrerense, valga la redundancia, esperando a ver si algún día subían los Realistas a por él. Pero ni quien lo pelara...

Me despiertan cuando lleguen...

VICENTE GUERRERO

Mientras en la ciudad de Méjico (así se escribía todavía) los criollos que insistían en la independencia, pero que no se habían sumado a las huestes de Hidalgo ni Morelos, estaban pensando un plan siniestro para independizarse de España sin que por ese hecho perdieran sus privilegios. Su plan era quedarse ellos, los criollos ricos y poderosos junto con el Clero, con el poder.

Hemos hecho el PLAN DE IGUALA para que todo siga igual...

José Narro

pero no se lo digan a nadie: que sea una sorpresa...

ESTO FUE EN 1820 Y SE LLAMÓ LA CONSPIRACIÓN de la PROFESA. (la iglesia de la Profesa)

Pero, igual que Hidalgo, necesitaban "pueblo", masas que se aventaran a los cocolazos siguiendo a un líder. Obvio que las masas de pobretones NO iban a seguir a Iturbide, el niño popis y feroz perseguidor de los insurgentes. Así que pensaron en el tal Vicente Guerrero, a quien SÍ seguiría el pópolo. Iturbide subió a buscar a Guerrero; lo convencieron y se tomaron la foto juntos y abrazándose, para decirle a la gente mensa que "se había formado el Ejército Trigarante resultado de la unión de criollos y mestizos para luchar por la INDEPENDENCIA ."

venga otro abrazo, paisano...

venga, pero me devuelves mi cartera...

José Narro

EL FAMOSO ABRAZO DE ACATEMPAN FUE PUES ENTRE CRIOLLOS Y MESTIZOS ( GUERRERO SE OLVIDÓ DE LOS INDIOS...Y DE HIDALGO Y MORELOS) → FIRMARON EL PLAN DE IGUALA (O DE LAS TRES GARANTÍAS= RELIGIÓN (SOLO LA CATÓLICA), UNIÓN E INDEPENDENCIA)

¿ Y EL VIRREY O'DONOJÚ QUÉ HA DICHO, GÜEY ?

O'DONOJÚ ES MASÓN, Y YA FIRMÓ EN CÓRDOBA LOS PAPELES DE LA INDEPENDENCIA...

SIN DARSE CUENTA QUE LES HABÍA DEJADO EL PODER AL CLERO Y A LOS CRIOLLOS CON BILLETE...

José Narro

EL 27 DE OCTUBRE
DE 1821, ITURBIDE
JURA LA INDEPENDENCIA
DEL <u>IMPERIO</u> MEXICANO

¿ POS CUÁL
INDEPENDENCIA ?
¿Y CUÁL IMPERIO?

Leopoldo Méndez

AH, SE NOS OLVIDABA DECIRLO:
EL PLAN ORIGINAL ERA
HACER UN IMPERIO CON
UN <u>REY</u> QUE MANDARAN
DE ESPAÑA (Q. SE NEGÓ
A MANDARLO Y A
RECONOCER LA INDEP...)
↓
ASÍ QUE ITURBIDITO SE
AUTOPROCLAMA Y CORONA
(COMO NAPOLEÓN)
EMPERADOR
AGUSTÍN Iº

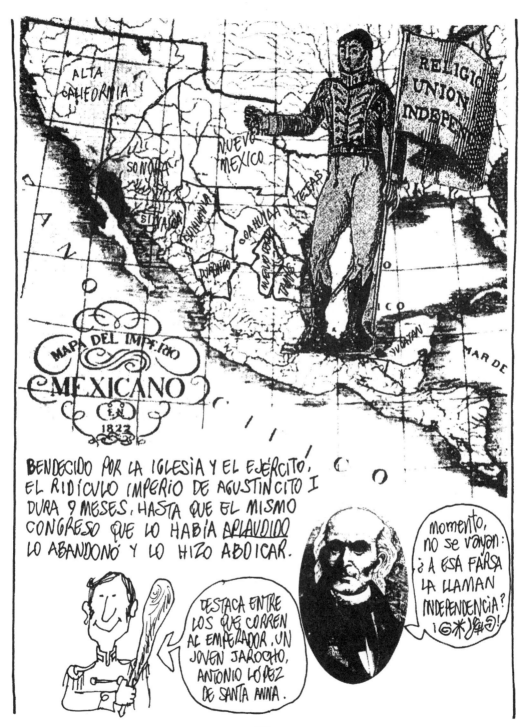

BENDECIDO POR LA IGLESIA Y EL EJÉRCITO, EL RIDÍCULO IMPERIO DE AGUSTINCITO I DURA 9 MESES, HASTA QUE EL MISMO CONGRESO QUE LO HABÍA APLAUDIDO LO ABANDONÓ Y LO HIZO ABDICAR.

DESTACA ENTRE LOS QUE CORREN AL EMPERADOR, UN JOVEN JAROCHO, ANTONIO LÓPEZ DE SANTA ANNA.

momento, no se vayan: ¿A ESA FARSA LA LLAMAN INDEPENDENCIA? ¡Ⓢ✳⑂⑂Ⓢ!

¿ QUÉ CLASE DE INDEPENDENCIA ES ESA QUE NO ACABA CON LA ESCLAVITUD DE LOS INDIOS, NI LES REGRESA SUS TIERRAS, NI LIMITA EL PODER DEL CLERO, NI SU DOMINIO EN LA EDUCACIÓN, NI SE PREOCUPA POR HACER MENOR LA DESIGUALDAD SOCIAL, NI LE DA PARTICIPACIÓN AL MESTIZO...? ¡ ANTES MANDABAN LOS GALLEGOS, AHORA MANDAN LOS CRIOLLOS Y EL CLERO !

Ay Pagrecito, es que esa Independejada no la hicieron para eso...

EL CLERO Y LOS RICOS LA HICIERON PARA QUE NO SE IMPLANTARA EN LA NUEVA ESPAÑA LA CONSTITUCIÓN DE CÁDIZ...

CONSTITUCION
(politica)
DE LA MONARQUÍA
Española
PROMULGADA
en Cadiz
á 19 de Marzo de 1812

D. *Miguel Hidalgo y Costilla*, primer caudillo de la Indépendencia.

LA CONSTITUCIÓN ESA ERA BIEN LIBERAL E IZQUIERDOSA: GARANTIZABA LOS DERECHOS DE TODOS → LAS LEYES LAS HARÍAN LAS CORTES (CONGRESO), NO EL REY; → LIMITABA LA RIQUEZA DE LA IGLESIA Y LA NOBLEZA → PROMOVÍA LAS ELECCIONES LIBRES Y LA LIBERTAD DE EXPRESIÓN, LA IGUALDAD, ETC, ETC.

¡ diabólica, dijo el Arzobispo !

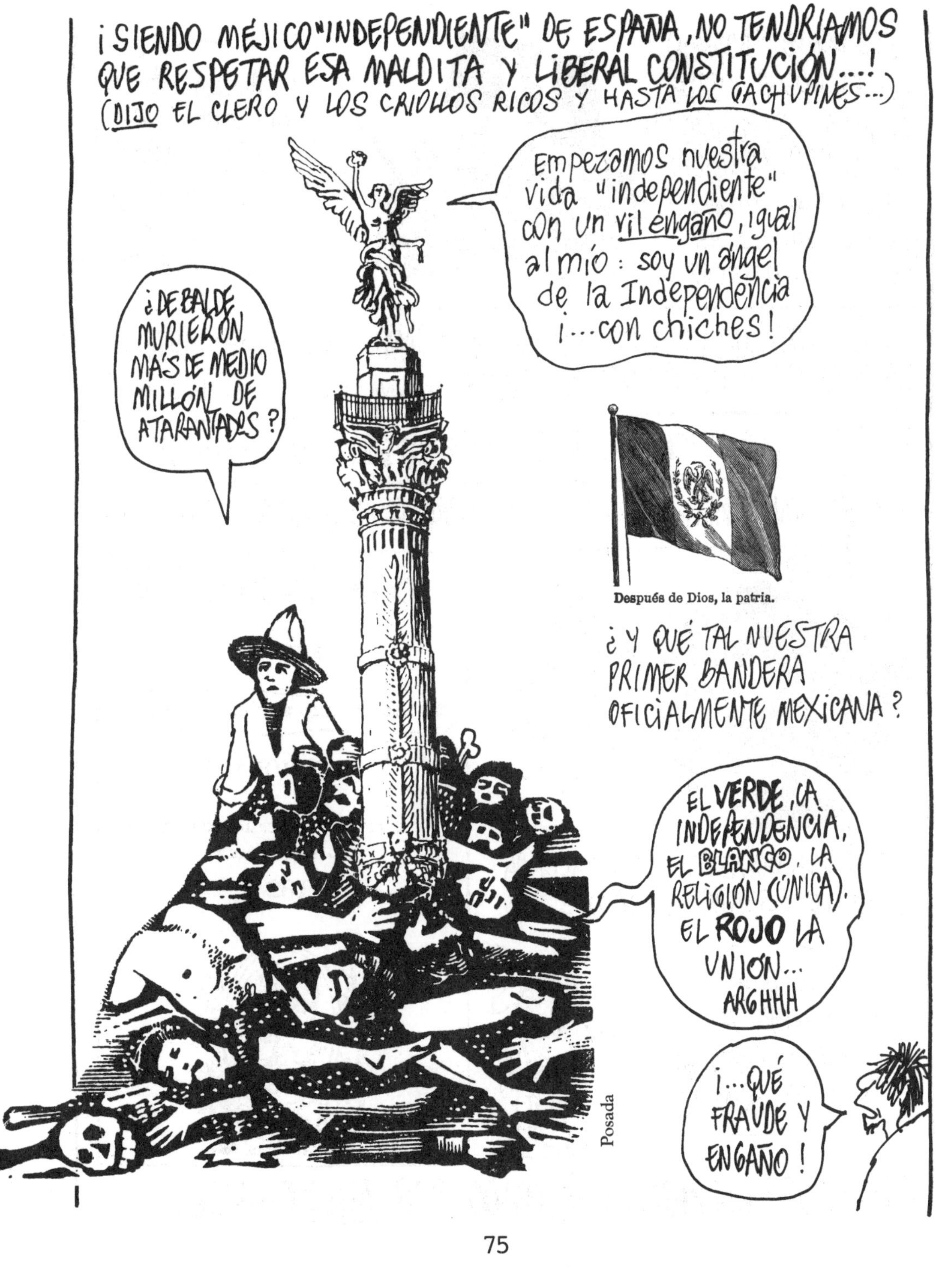

¡SIENDO MÉJICO "INDEPENDIENTE" DE ESPAÑA, NO TENDRIAMOS QUE RESPETAR ESA MALDITA Y LIBERAL CONSTITUCIÓN...!
(DIJO EL CLERO Y LOS CRIOLLOS RICOS Y HASTA LOS GACHUPINES...)
Empezamos nuestra vida "independiente" con un vil engaño, igual al mío: soy un ángel de la Independencia ¡...con chiches!
¿DE BALDE MURIERON MÁS DE MEDIO MILLÓN DE ATARANTADOS?
¿Y QUÉ TAL NUESTRA PRIMER BANDERA OFICIALMENTE MEXICANA?
EL VERDE, LA INDEPENDENCIA, EL BLANCO, LA RELIGIÓN (ÚNICA). EL ROJO LA UNIÓN... ARGHHH
¡...QUÉ FRAUDE Y ENGAÑO!
Posada

Después de Dios, la patria.

¿DE DÓNDE SACARON QUE EL COLOR VERDE SIGNIFICA INDEPENDENCIA, EL BLANCO, RELIGIÓN Y EL ROJO UNIÓN...?
(en otros países es todo lo contrario...)

José Narro

¿Alguien sabe qué significan AHORA los colores patrios?

(¡¡O SON LOS QUE USA EL PRI !!)

¿CUÁL INDEPENDENCIA, SI SEGUÍAN MANDANDO LOS COMERCIANTES, HACENDADOS Y CLÉRIGOS ESPAÑOLES, JUNTO CON LOS CRIOLLOS RICOS?

EL BLANCO, LA INTOLERANCIA DE PARTE DE UNA SOLA RELIGIÓN...

EL ROJO, UNA DEMAGÓGICA "UNIÓN" ENTRE EXPLOTADORES Y EXPLOTADOS.

• D. Guadalupe Victoria •

MAL EMPEZABA EL NUEVO PAÍS CON UN PRESIDENTE QUE USABA SEUDÓNIMO...

...CON UNA CONSTITUCIÓN CALCADA DE LA DE ESTADOS UNIDOS --->

¡HASTA EL NOMBRE DEL PAÍS LE COPIARON A LOS GRINGOS!

**CONSTITUCIÓN**

FEDERAL

DE LOS ESTADOS UNIDOS MEXICANOS.

SANCIONADA

POR EL CONGRESO GENERAL CONSTITUYENTE, EL 4. DE OCTUBRE DE

**1824.**

Y LO PEOR: UN PAÍS GOBERNADO POR MILITARES...

GRAL. ANASTASIO BUSTAMANTE · GRAL. J.J. HERRERA · GRAL. VICENTE GUERRERO · GRAL. ANTONIO LÓPEZ SANTA ANNA · GRAL. M. GÓMEZ PEDRAZA

# ¿A QUIÉN SE LE OCURRIÓ QUE LOS GENERALES SABÍAN GOBERNAR?

POS A UN GENERAL...

CLARO... POS A QUIÉN MÁS...?

José Narro

CAP. IV

ESTABAN EMPEZANDO COMO QUIEN DICE

# LOS AÑOS DE LA VERGÜENZA

LOS TIEMPOS MÁS NEGROS DE NUESTRA HISTORIA...

¿Y SABEN? LOS INDIOS NO TUVIMOS NADA QUE VER...

77

Como ya medio dijimos, México se inició
en su papel de "independiente" copiándoles
a los gringos todo - por la admiración
que les teníamos -, incluso la forma de
gobierno (federalista. Una nación de
estados confederados)... sistema al que
NO estábamos acostumbrados, ni preparados...

DE SER COLONIA DE UNA MONARQUÍA, PASAMOS A SER REPÚBLICA...

VIVA LA FEDERACION MEJICANA

Territorio de ALTA CALIFORNIA

Territorio de NUEVO MEXICO

SONORA Y SINALOA

Territorio de BAJA CALIFORNIA

COAHUILA Y TEJAS

CHIHUAHUA

DURANGO

NUEVO LEON

TAMAULIPAS

ZACATECAS

SAN LUIS POTOSI

JALISCO

GUANAJUATO

MICHOACAN

MEXICO

PUEBLA

VERACRUZ

OAXACA

TABASCO

CHIAPAS

YUCATAN

SE ESTABLECIÓ ASÍ UNA __REPÚBLICA__ FEDERAL (CON ESTADOS DIZQUE
AUTÓNOMOS Y CON SU PROPIO CONGRESO) DONDE EL PRESIDENTE ERA
NOMBRADO POR LOS __CONGRESOS__ DE LOS ESTADOS (COMO EN LOS USA),
Y CON VICE PRESIDENTE (COMO EN LOS USA)... EN UN PAÍS DONDE
EL 90% DE LA GENTE NO SABÍA LEER NI ESCRIBIR (NO COMO EN USA)

PERO... PARA DIFERENCIARNOS DE ELLOS, SE CREÓ UNA IMAGEN DE LA PATRIA -FALSÍSIMA- CON UNA MUJER DE RASTROS INDÍGENAS VESTIDA CON ROPA IDEM, MIENTRAS LAS INDÍGENAS REALES ERAN SIRVIENTAS DE LOS CRIOLLOS RICOS Y ESPAÑOLES... SI BIEN LES IBA...

En la nueva constitución ni quien se acordara de que los INDIOS eran los dueños (EN TEORÍA) del país...

COMO EN LA DE LOS U$A...

→ LA GRAN DIFERENCIA CON LOS U$A ERA QUE ALLÁ NO MANDABAN LOS MILITARES... (NI EL CLERO, PORQUÉ ERAN PROTESTANTES...)

Es decir, ellos NO dependían del Vaticano, como los católicos...

José Narro

79

## Los años del desmother

Del inicio de la primer REPÚBLICA MEXICANA (1824) a la primera aparición en escena de don Beno Juárez (Benito para su familia), en 1859 o algo así, se cuentan 25 años. En esos 25 años tuvimos en el país nada menos que 27 PRESIDENTES (más si contamos los que repetían, como el señor Santa Anna, que estuvo 9 veces en la Silla presidencial...)

En ese mismo lapso, se dieron más de 1000 (sí, MIL) pronunciamientos o alzamientos armados para tirar o poner al presidente, para quitar al Congreso, para cambiar la Constitución o para exigir aumento de sueldo. Para todo había pronunciamientos militares, muchas veces acompañados de sendos "Planes" para exponer las razones del alzamiento.

Es decir, la política la hacían los generales. Teníamos *superávit* de generales (más de 100) así que ya se pueden imaginar el relajo de país...

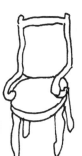

Y CUANDO NO ESTABAN EN LA SILLA **PRESIDENCIAL**, ESTABAN EN LA CURUL DE DIPUTADO, O DE SENADOR... ¿HEMOS CAMBIADO?

GUADALUPE VICTORIA
MANUEL GÓMEZ PEDRAZA
VICENTE GUERRERO
PEDRO VÉLEZ
JOSÉ MA. BOCANEGRA
ANASTASIO BUSTAMANTE
MELCHOR MÚZQUIZ
SANTA ANNA (9 veces)
VICENTE GÓMEZ FARÍAS
MIGUEL BARRAGÁN
JUSTO CORRO
NICOLÁS BRAVO
FCO. JAVIER ECHEVARRÍA
VALENTÍN CANALIZO
J. JOAQUÍN DE HERRERA
M. PAREDES ARRILLAGA
MARIANO SALAS
MANUEL PEÑA Y PEÑA
MARIANO ARISTA
JUAN BAUTISTA CEBALLOS
MANUEL LOMBARDINI
JUAN ÁLVAREZ
MARTÍN CARRERA
RÓMULO DÍAZ DE LA VEGA
IGNACIO COMONFORT
FÉLIX MA. ZULOAGA
MIGUEL ROBLES PEZUELA
**17 por obra y gracia de alzamiento armado.**
(SÓLO DOS NO ERAN GENERALES)

Santiago Hernández

BUENO... HOY DURAMOS TRES AÑOS: ANTES NI ESO...

Y ESO QUE -AL PRINCIPIO DE LA REPÚBLICA- NO HABÍA PARTIDOS POLÍTICOS, SINO QUE LOS QUE QUERÍAN LLEGAR AL PODER SE METÍAN EN LAS **LOGIAS** DE LA **MASONERÍA**. HABÍA 2 LOGIAS:

* LOS YORKINOS (PRO-NORTEAMERICANOS)
* EL RITO ESCOCÉS (MÁS CONSERVADORES)

O SEA, LOS MÁS PARECIDOS AL PRI ERAN LOS YORKINOS...

SE AFIRMA QUE A ITURBIDE LO QUITARON LOS YORKINOS...

Porque yo no simpatizaba con los yanquis...

Y SE AFIRMA QUE, DESDE SANTA ANNA HASTA MIGUEL ALEMÁN, TODOS LOS PRESIDENTES FUERON MASONES...

José Narro

AL LIBERTADOR D LA PATRIA
AL FUNDADOR DEL IMPERIO
AL INVICTO AGUSTIN I.
EN MONUMENTO DE LEALTAD
EL CONSEJO DE ESTADO.

PERO...MASONES O MASONCITOS, LOS GENERALES METIDOS A POLÍTICOS DEMOSTRARON UNA TOTAL INEFICIENCIA Y FALTA DE PATRIOTISMO, POR UNA SENCILLA RAZÓN: → NO SABÍAN NADA DE NADA...!

¡SI HABLAN MAL DE MÍ, LES DOY UN GOLPE DE ESTADO!

ANTONIO LÓPEZ DE SANTA ANNA, MODELO DE MEXICANO, político JUNTO CON ÁLVARO OBREGÓN
(Y ESO QUE FUERON MINUSVÁLIDOS...)

Santa Anna

LA PRÓTESIS MÁS CARA DE LA HISTORIA →

¿más cara que la dentadura de Miguel Alemán?

82

NORMA & RIUS

En el fondo, los mexicanos lo que me tienen es envidia...

SI A ALGUIEN SE PARECEN NUESTROS POLÍTICOS, ES A MI GENERAL SANTA ANNA: CORRUPTO, CASI ANALFABETA Y PRESTIGIOSO **MAROMERO**...

↳ PRIMERO COMBATIÓ CONTRA LOS INSURGENTES, LUEGO SE PUSO DEL LADO DE ITURBIDE (AL QUE EN SEGUIDA LE DIO UN GOLPE DE ESTADO...) EN 1832 SE LEVANTA CONTRA LA REPÚBLICA, PIERDE, Y GÓMEZ PEDRAZA LO CORRE A CUBA, PERO REGRESA AL RATO PARA APOYAR A GÓMEZ PEDRAZA. NOMBRADO PRESIDENTE, LE DEJA LA SILLA AL VICEPRESI, GÓMEZ FARÍAS, PARA REGRESAR AL RATO Y DARLE UN GOLPE DE ESTADO...A GÓMEZ FARÍAS

"He aquí mi pabellón tricolor..."

1819: realista
1864: con Maximiliano
1865: con Juárez es liberal...

Constantino Escalante

83

LLEGA LA GUERRA CON ESTADOS UNIDOS
Y SANTA ANNA PIERDE EN SAN JACINTO.
HECHO PRISIONERO, EL MISMO
GOBIERNO YANQUI LO LIBERA
Y LO REGRESA EN BARCO A
VERACRUZ, DONDE ES RECIBIDO
COMO HÉROE...!!!

se perdió TEXAS, pero así es la vida...

¿ y CUÁNDO PERDIÓ SU DIVINA PIERNA ?

LUCHANDO CONTRA LOS FRANCESES EN VERACRUZ (EN 1838)

GENERAL D. ANTONIO LÓPEZ DE SANTA-ANNA

EN UNA DE LAS 4 VECES QUE FUE PRESIDENTE (EN ESE LAPSO →
DE 1838 A 1846), SE MANDA HACER UN <u>MONUMENTO</u> CON SU PIERNA,
MISMO QUE ES DERRIBADO POR LA CHUSMA CUANDO SANTA ANNA
ES ACUSADO DE VIOLAR LA CONSTITUCIÓN. LO MANDAN DE NUEZ A CUBA,
DONDE SE ENTREVISTA CON EL GRAL. POLK (GRINGO).

YA EN PLENA GUERRA
CON USA Y CON LA
ESCUADRA GRINGA
BLOQUEANDO VERACRUZ,
SANTA ANNA DESEMBARCA
EN EL PUERTO GRACIAS
A LA ORDEN QUE DAN
LOS GRINGOS DE
<u>DEJARLO PASAR</u>...

...Y ES NOMBRADO PRESIDENTE PARA QUE VAYA A COMBATIR... A LOS GRINGOS...

← ¡ POR SEXTA VEZ !

¿en qué clase de mexicanos nos estábamos convirtiendo?

# La rebelión de los Polkos

Como ya habíamos informado, en aquellos tiempos que NO había Bancos, el H. Clero la hacía de Banco, prestando dinero -con altísimos intereses- a quienes lo solicitaran. (Casi casi era dinero <u>divino</u>, o por lo menos <u>bendito)</u>

Urgido el gobierno de dinero para pagarle al ejército que estaba defendiendo a la Patria del invasor yanqui, le pidió al Clero dinero.

El Clero se lo negó, lo que obligó al susodicho gobierno de Gómez Farías a decretar la confiscación de los bienes del Clero (que eran muchos).

¡NOMÁS SE LO GASTAN EN VIEJAS!

José Narro

(POR LO GENERAL, EL CLERO SIEMPRE LE PRESTABA AL GOBIERNO, PERO EN ESTE CASO DE LA GUERRA CON ESTADOS UNIDOS, SE NEGÓ A HACERLO. SABRÁ DIOS POR QUÉ...)

85

El Clero se enojó, y poseído del divino enojo llamó a la Guardia Nacional en su auxilio, particularmente a los integrantes del Batallón Victoria, formado por jóvenes de la mejor sociedad. Era un Batallón que se consideraba <u>de lujo</u>, pues los muchachotes eran de las mejores familias y muy católicos. (PIRRURIS, PUES...)

Gómez Pedraza, urgido de mandar tropas a Veracruz que estaba siendo invadido por los gringos, órdenó que el susodicho Batallón Victoria (a quiènes el pueblo llamaba *Polkos*, quizás por lo bien que bailaban las polkas) saliera a Veracruz.

Los polkos se negaron y se alzaron en armas contra el gobierno, cargados de medallas y escapularios, azuzados y pagados por el Clero. Así los americanos se apoderaron tranquilos de Veracruz...

José Narro

Fdo. Castro Pacheco

La invasión norte-americana

86

Se pierde la guerra (y la mitad del país), por culpa de Santa Anna y otros por el estilo... como los polkos...

José Narro

Y SANTA ANNA SE TIENE QUE VOLVER A EXILIAR, SOSPECHOSO DE TRAICIÓN A LA PATRIA... (1848)

LO QUE NO IMPIDE QUE EN 1853 SUS PARTIDARIOS LO TRAIGAN Y LO NOMBREN -OTRA VEZ- PRESIDENTE... Y VENDA LOS 100.000 Kms² DE LA MESILLA...

Venta de la Mesilla, Gotas de Aagua.

¿CÓMO ES POSIBLE -DIRÁN UDS.- QUE UN TIPO DE ESA CALAÑA SEA NOMBRADO 9 VECES 9 PRESIDENTE, A PESAR DE HABER VENDIDO MEDIO PAÍS? (Bueno, no existía todavía el TLC...)

¡ ¿ QUIÉNES ERAN SUS PARTIDARIOS...???

PUES...LOS PARTIDARIOS DE SANTA ANNA FUERON LOS MISMOS QUE "HICIERON" LA DIZQUE INDEPENDENCIA Y LOS MISMOS QUE HICIERON LA CONSTITUCIÓN DEL 24 Y LOS MISMOS QUE HICIERON LA REPÚBLICA Y LOS MISMOS QUE GOBERNABAN (¿Y GOBIERNAN?) AL PAÍS → LA CLASE GOBERNANTE ←

...O SEA, PARA QUE NO SE HAGAN BOLAS
↓
LOS CRIOLLOS RICOS, LOS MILITARES Y EL CLERO...

¡ LOS CONSERVADORES PUES !

¡Y que viva la Independencia! ¡vivaaaa méxicooo!

SALUD!

Posada

¡PERDIMOS LA MITAD DE LA PATRIA!

¿"PERDIMOS"? ES MUNCHA GENTE...

Constantino Escalante

LA INMENSA MAYORÍA DE LOS HABITANTES PREFERÍAN OCUPARSE DE SU SOBREVIVENCIA, ANTES DE PREOCUPARSE DE LA DEFENSA DE LA PATRIA...

¿CUÁL ES LA PATRIA DE LOS INDIOS?

CURIOSAMENTE, LA RENDICIÓN Y PÉRDIDA DE MEDIO PAÍS SE LLEVÓ A CABO MEDIANTE EL "TRATADO DE **GUADALUPE**"...

¿...Y LA VIRGENCITA Y DEFENSORA DE LOS MEXICANOS, QUÉ SE HIZO?

LA ENTRADA TRIUNFAL DE LAS TROPAS GRINGAS A LA PLAZA DE LA CONSTITUCIÓN (¿QUIÉN LA BAUTIZÓ COMO ZÓCALO, POR DIOS?) RECIBIÓ LOS APLAUSOS DE LA POBLACIÓN, MIENTRAS LA IGLESIA CELEBRABA CON UN **TE DEUM** EL ARROLLADOR TRIUNFO DE LOS YANQUIS...

EL AYUNTAMIENTO CONSERVADOR DE LA CIUDAD **OFRECIÓ** A LOS GENERALES UN BANQUETE (CON LA ASISTENCIA DE CANÓNIGOS DE CATEDRAL Y LA GENTE **BONITA**)

¡LÁRGUENSE, MALDITOS GÜEROS!

LAS BAJAS QUE TUVO EN LA CIUDAD EL EJÉRCITO GRINGO, LES FUERON INFLIGIDAS POR LOS "PELADOS" Y PROSTITUTAS, QUE POR LAS NOCHES LES PONÍAN CELADAS Y LOS ACUCHILLABAN ALEGREMENTE, SEGÚN DECLARÓ EL PROPIO GRAL. SCOTT...

José Narro

90

EN TRISTE RESUMEN, LOS **CONSERVADORES** (LOS PANISTAS DE SU TIEMPO, PUES...) NO SUPIERON CONSERVAR NI SIQUIERA LOS TERRITORIOS HEREDADOS DE LA COLONIA... ¡NI AL NORTE, NI AL SUR!

Bueno: nos queda más cerca para irnos de braceros...

...y por el Sur perdimos lo que es hoy Guatemala, Honduras, El Salvador, Costa Rica y Nicaragua... (NADA MÁS)

Mexico's Lost Territory, 1836–1853

Treaty of Guadalupe— Hidalgo, 1848

se, 1853 LA MESILLA

Texas, 1836

Republic of Mexico

GUATEMALA etc.

PERO... CONSERVAMOS EL **PODER**, LAS CARTERAS, LOS ESCAPULARIOS Y AL GENERAL SANTA ANNA...

Y EL FUERO MILITAR Y ECLESIÁSTICO

¿CÓMO QUE EL GRAL. SANTA ANNA? ¡SU ALTEZA SERENÍSIMA...!!

LA DERECHA MEXICANA SEGUÍA TENIENDO EN ÉL A SU MÁXIMO HÉROE... Y PENSABAN SEGUIR EN EL PODER... ¡HASTA QUE DIOS QUISIERA...!

José Narro

91

Desplumada: El águila mexicana antes de la guerra./El águila mexicana después de la guerra.

NOMÁS QUE DIOS SE DESCUIDÓ (O SE HIZO EL OCCISO, NO SE SABE) Y EN 1854 TRONÓ UNA REVOLUCIÓN EN AYUTLA (GUERRERO) QUE DESCONOCIÓ A SANTA ANNA EXIGIENDO SU SALIDA DEL PAÍS...

¡Ya chole de quince uñas,* señores!

¡¡Basta de dictadura y de que nos quieran traer otro príncipe extranjero...!!

* Así le decían a Santa Anna.

MEDIO PAÍS SE LEVANTA EN APOYO AL PLAN DE AYUTLA EN UNA REBELIÓN QUE SANTA ANNA NO PUEDE SOFOCAR NI CON MENTADAS.

El 16 de agosto de 1855 el dictador huye en el vapor "Iturbide" con rumbo al carajo...

Y aunque no lo crean, por primera vez en la historia ganan los liberales...

92

# LA REFORMA NO FUE UN PASEO

93

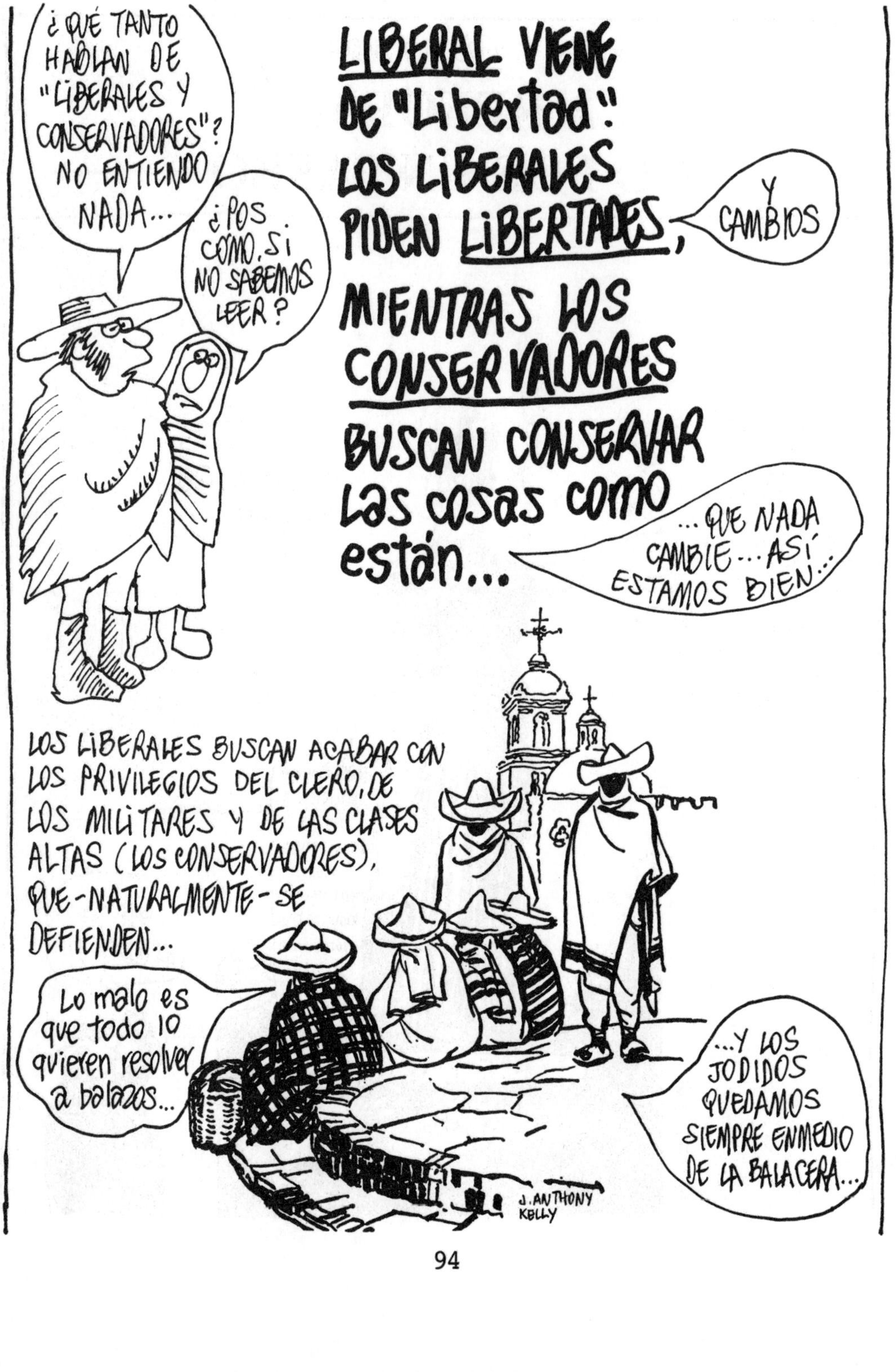
¿QUÉ TANTO HABLAN DE "LIBERALES Y CONSERVADORES"? NO ENTIENDO NADA...
¿POS CÓMO, SI NO SABEMOS LEER?
LIBERAL VIENE DE "Libertad": LOS LIBERALES PIDEN LIBERTADES,
Y CAMBIOS
MIENTRAS LOS CONSERVADORES BUSCAN CONSERVAR Las cosas como están...
...QUE NADA CAMBIE... ASÍ ESTAMOS BIEN...
LOS LIBERALES BUSCAN ACABAR CON LOS PRIVILEGIOS DEL CLERO, DE LOS MILITARES Y DE LAS CLASES ALTAS (LOS CONSERVADORES), QUE -NATURALMENTE- SE DEFIENDEN...
Lo malo es que todo lo quieren resolver a balazos...
...Y LOS JODIDOS QUEDAMOS SIEMPRE ENMEDIO DE LA BALACERA...
J. ANTHONY KELLY

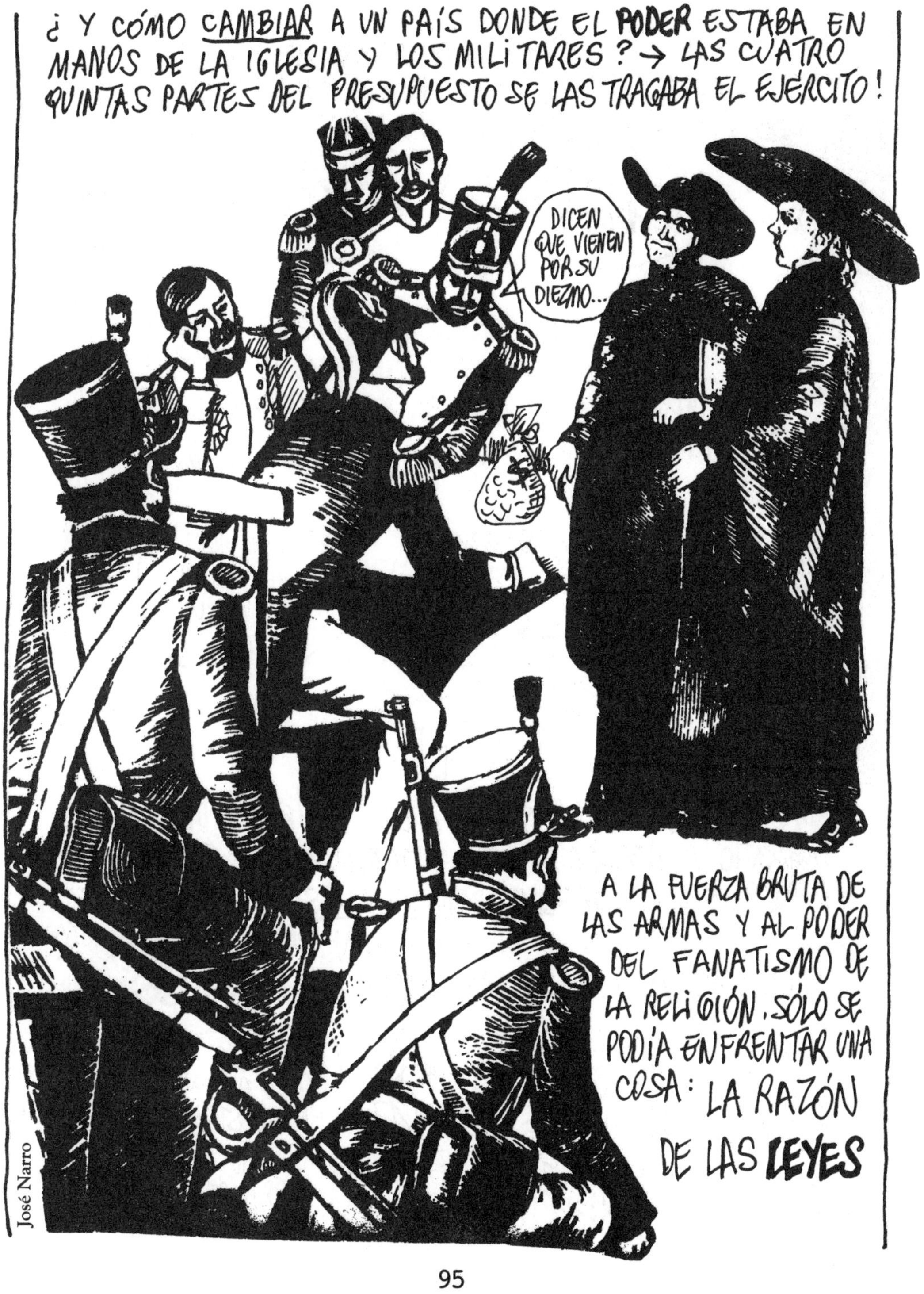
¿Y CÓMO CAMBIAR A UN PAÍS DONDE EL PODER ESTABA EN MANOS DE LA IGLESIA Y LOS MILITARES? → LAS CUATRO QUINTAS PARTES DEL PRESUPUESTO SE LAS TRAGABA EL EJÉRCITO!
DICEN QUE VIENEN POR SU DIEZMO...
A LA FUERZA BRUTA DE LAS ARMAS Y AL PODER DEL FANATISMO DE LA RELIGIÓN. SÓLO SE PODÍA ENFRENTAR UNA COSA: LA RAZÓN DE LAS LEYES
José Narro

ANTES DE LA REVOLUCIÓN INGLESA DE 1688 Y DE LA REVOLUCIÓN FRANCESA DE 1789, LA IGLESIA LE HIZO CREER A LA GENTE QUE LOS **REYES** MANDABAN "POR DERECHO DIVINO..."

PERO CUANDO DECAPITARON A LOS REYES Y DIOS NO SE PRESENTÓ A RECLAMAR, SE ESTABLECIÓ QUE **TODOS LOS HOMBRES & MUJERES** SON IGUALES, SIN IMPORTAR EL COLOR, LA RIQUEZA O LA POSICIÓN SOCIAL, Y SE FIJARON Y PROMULGARON **LOS DERECHOS HUMANOS...**

LA CONSTITUCION DE 1824, SI BIEN ESTABLECIA LA IGUALDAD DE TODOS ANTE LA LEY, DEJÓ FUNCIONANDO LOS **FUEROS** MILITAR Y ECLESIÁSTICO...

¿ ENTONCES CUÁL IGUALDAD SI LOS GENERALES Y LOS CURAS SON INTOCABLES ?

# ¡ SE NECESITABA OTRA CONSTITUCIÓN !

TENEMOS QUE IMPEDIRLES A ESOS MALDITOS LIBERALES QUE LA HAGAN, GENERAL...

¡ NOS JODEN COMPLETAMENTE, NOS JODEN ! RECEMOS PARA QUE NO OCURRA...

" SE NECESITA DE FIRMEZA PARA IR VENCIENDO LAS RESISTENCIAS QUE NATURALMENTE OPONEN LOS Q. HAN SABOREADO LOS FRUTOS DE LA LICENCIA Y DE LOS ABUSOS..."

¿ ÉSE NO ES BENITO JUAREZ ?

José Narro

97

HORROROSA MARIO

LIBERADO EL PAÍS
-POR EL MOMENTO-
DEL HUUEPU DE
SANTA ANNA,
LOS LIBERALES
CONVOCARON A
ELECCIONES Y EL
NUEVO PRESIDENTE
FUE UN ETERNO Y
HONRADO LUCHADOR
SOCIAL LLAMADO

JUAN ÁLVAREZ del mero ATOYAC

QUE NOMBRÓ PARA SU
GABINETE A UN INDIO
ZAPOTECO LLAMADO
BENITO JUÁREZ,
BIEN PRIETITO EL SEÑOR...

¡LE DIERON UNA
CARTEROTA: DE
JUSTICIA, NEGOCIOS
ECLESIÁSTICOS
E INSTRUCCIÓN
PÚBLICA!

Don Benito
había sido
un magnífico
gobernador
de su tierra,
Oaxaca.

NO APLAUDAN
POR FA...

98

EN EL GABINETE DE ÁLVAREZ EL HONRADO, HABÍA TAMBIÉN UN MILITAR, EL GRAL. COMONFORT, MINISTRO DE GUERRA. CON TODO Y ESO, JUÁREZ EXPIDIÓ UNA LEY "SOBRE ADMINISTRACIÓN DE JUSTICIA, ETC, ETC" LLAMADA -PARA ABREVIAR- LA LEY JUÁREZ

¡QUE SUPRIMÍA EL FUERO MILITAR Y ECLESIÁSTICO HORROR!

¡UTA, LA QUE SE ARMÓ...!!

José Narro

PORQUE -ADEMÁS- YA SE HABÍA ACABADO DE HACER UNA NUEVA **CONSTITUCIÓN** EN **1857** CONSIDERADA COMO MÁS AVANZADA QUE LA GRINGA, BASADA EN LA TAL "Declaración Universal de los **DERECHOS DEL HOMBRE**"

¡QUE EL PAPA Y ¿O PONTÍFICE CONSIDERÓ DIABÓLICA!

99

Constitución 1857

FUEROS MILITARES

FUEROS ECLESIÁSTICO

Adolfo Mexiac

...Y MÁS TODAVÍA, OTRA LEY CONOCIDA COMO **LEY IGLESIAS**, QUE SECULARIZABA LOS PANTEONES (CONTROLADOS POR LA IGLESIA) Y REGULABA EL COBRO DE HONORARIOS DE LOS CURAS POR SUS "SERVICIOS"...

¡ESTO ES INTOLERABLE, SEÑOR OBISPO: HAY QUE LEVANTARSE EN ARMAS CONTRA EL MAL....!

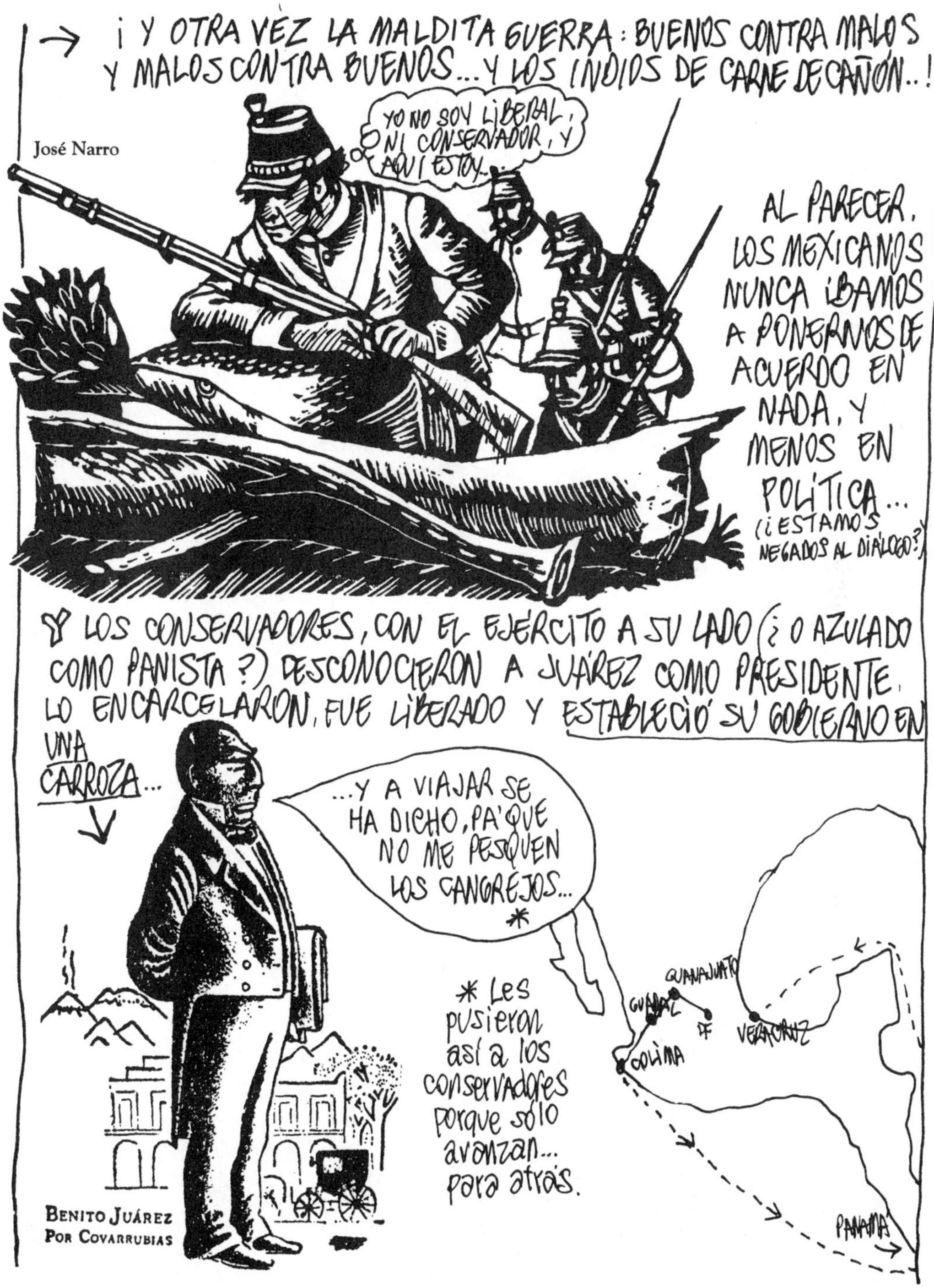

¡Y OTRA VEZ LA MALDITA GUERRA: BUENOS CONTRA MALOS Y MALOS CONTRA BUENOS... Y LOS INDIOS DE CARNE DE CAÑÓN..!
José Narro
YO NO SOY LIBERAL, NI CONSERVADOR, Y AQUÍ ESTOY...
AL PARECER, LOS MEXICANOS NUNCA ÍBAMOS A PONERNOS DE ACUERDO EN NADA, Y MENOS EN POLÍTICA... (¿ESTAMOS NEGADOS AL DIÁLOGO?)
Y LOS CONSERVADORES, CON EL EJÉRCITO A SU LADO (¿O AZULADO COMO PANISTA?) DESCONOCIERON A JUÁREZ COMO PRESIDENTE. LO ENCARCELARON, FUE LIBERADO Y ESTABLECIÓ SU GOBIERNO EN UNA CARROZA...
...Y A VIAJAR SE HA DICHO, PA' QUE NO ME PESQUEN LOS CANGREJOS... *
* Les pusieron así a los conservadores porque sólo avanzan... para atrás.
GUANAJUATO
GUADAL
DF
VERACRUZ
COLIMA
PANAMÁ
BENITO JUÁREZ
POR COVARRUBIAS

 ¿ENTONCES HABÍA DOS GOBIERNOS?  ASÍ ES: JUÁREZ, LIBERAL Y ~~CALDE~~ EL GRAL. ZULOAGA POR LOS CONSERVADORES...  ¡QUÉ PAÍS! ¡QUÉ RAZA!

→ DESDE VERACRUZ, DONDE HABÍA ESTABLECIDO SU GOBIERNO ORA SÍ QUE LEGÍTIMO, JUÁREZ SIGUIÓ LANZANDO SUS **LEYES DE REFORMA**, CON GRAN CORAJE DE LOS CONSERVADORES del PAN.

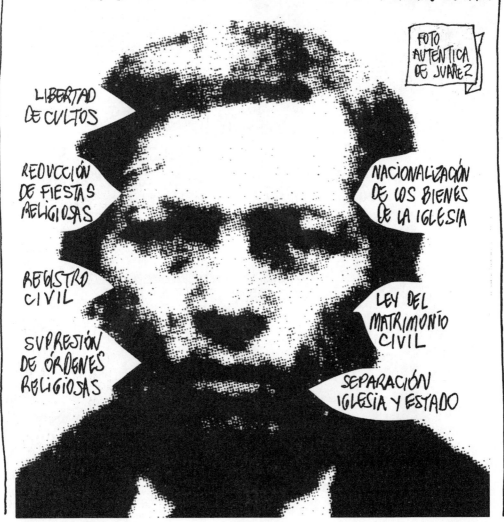

FOTO AUTÉNTICA DE JUÁREZ

LIBERTAD DE CULTOS

REDUCCIÓN DE FIESTAS RELIGIOSAS

REGISTRO CIVIL

SUPRESIÓN DE ÓRDENES RELIGIOSAS

NACIONALIZACIÓN DE LOS BIENES DE LA IGLESIA

LEY DEL MATRIMONIO CIVIL

SEPARACIÓN IGLESIA Y ESTADO

General Miguel Miramón.

José Narro

→ LOS GUAPÍSIMOS GENERALES <u>MIRAMÓN</u> (QUE QUITÓ A ZULOAGA DE <u>PRESIDENTE</u> PARA PONERSE ÉL), ALMONTE (HIJO DE MORELOS), FERNÁNDEZ DE CEBALLOS, ECHEGARAY, LEONARDO MÁRQUEZ (EL ASESINO DE TACUBAYA), ROBLES PEZUELA, etc.

↓
1860
↑

TRATABAN SÓLO DE ACABAR CON JUÁREZ SIN MUCHO ÉXITO QUE DIGAMOS. → FINALMENTE, MIRAMÓN FUE DERROTADO EN CALPULALPAN POR EL LIBERAL GRAL. GLEZ. ORTEGA Y SE ACABÓ LA COSA. → JUÁREZ REGRESÓ DE VERACRUZ A MÉXICO, Y MIRAMÓN SALIÓ POR VERACRUZ POR MAXIMILIANO.

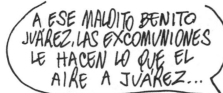

A ESE MALDITO BENITO JUÁREZ, LAS EXCOMUNIONES LE HACEN LO QUE EL AIRE A JUÁREZ...

**D**ERROTADOS LOS GENERALITOS, JUÁREZ RESTAURÓ LA REPÚBLICA, PERO NO PUDO RESTAURAR LA ECONOMÍA QUE, TRAS TRES TRISTES AÑOS DE GUERRA, HABÍA QUEDADO CONVERTIDA EN DESASTRE...

Y NINGÚN PAÍS RICO LE QUERÍA PRESTAR DINERO A LOS LIBERALES...

PERO <u>SÍ</u> A LOS CONSERVADORES → EL PAPA LE ORDENÓ AL NAPOLEÓN III QUE APOYARA A LOS SUPER-MOCHOS Y LES MANDARA A MÉXICO A UN BUEN EMPERADOR QUE LOS GOBERNARA "COMO DIOS MANDA.." (Y QUE TRAJERA DINERO!!)

Martínez Carrión

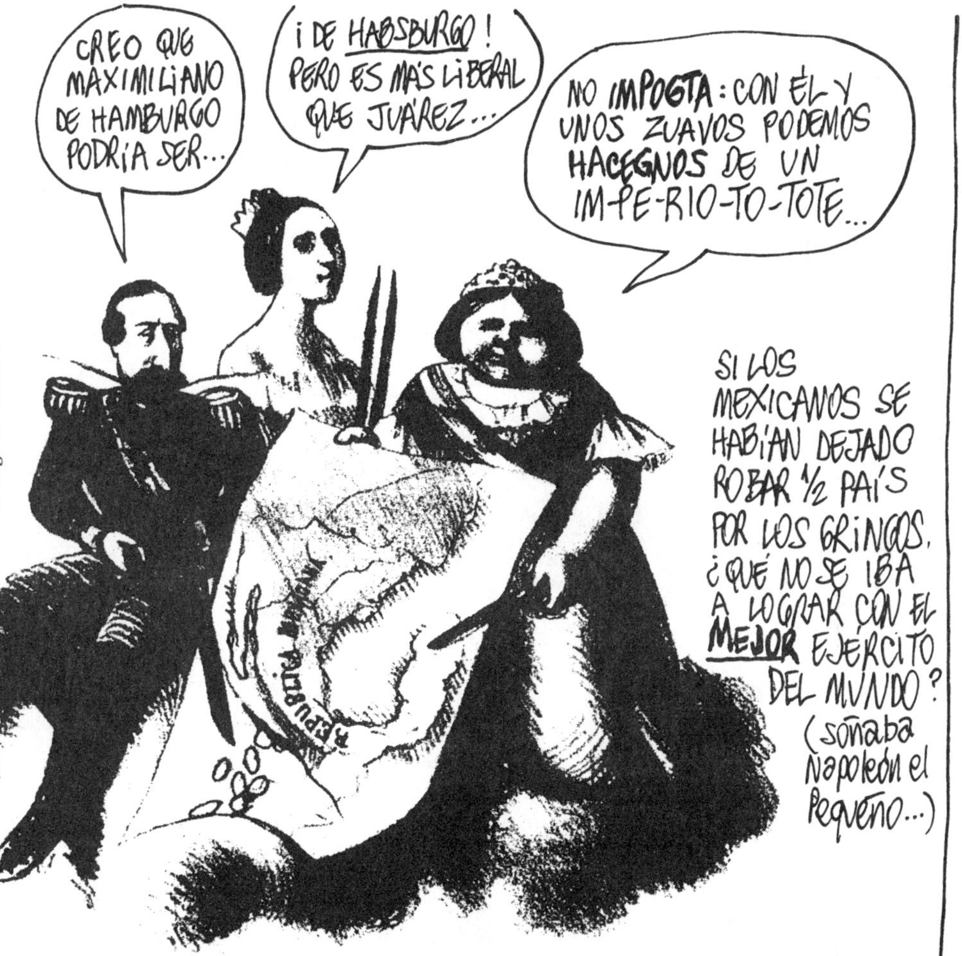
CREO QUE MAXIMILIANO DE HAMBURGO PODRÍA SER...
¡DE HABSBURGO! PERO ES MÁS LIBERAL QUE JUÁREZ...
NO IMPOGTA: CON ÉL Y UNOS ZUAVOS PODEMOS HACEGNOS DE UN IM-PE-RIO-TO-TOTE...
SI LOS MEXICANOS SE HABÍAN DEJADO ROBAR ½ PAÍS POR LOS GRINGOS, ¿QUÉ NO SE IBA A LOGRAR CON EL MEJOR EJÉRCITO DEL MUNDO?
(soñaba Napoleón el Pequeño...)

Santiago Hernández

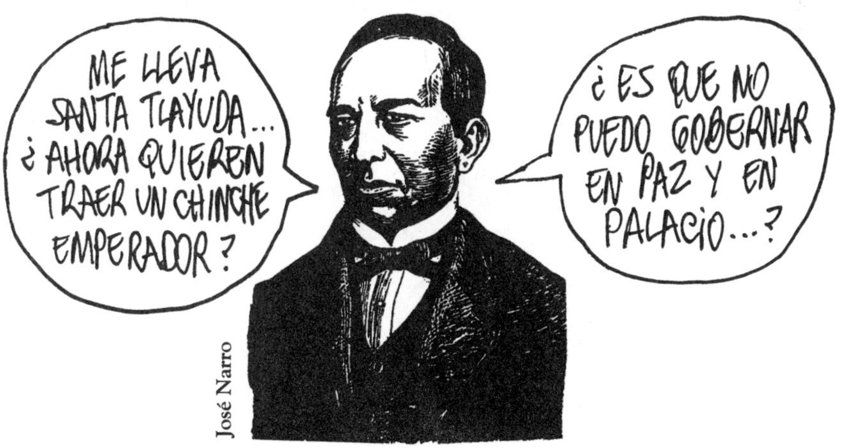
ME LLEVA SANTA TLAYUDA... ¿AHORA QUIEREN TRAER UN CHINCHE EMPERADOR?
¿ES QUE NO PUEDO GOBERNAR EN PAZ Y EN PALACIO...?

José Narro

José Narro

EL 12-VI-1864 MAXIMILIANO Y SU PEDRESNADA CARLOTA ENTRARON A LA CIUDAD DE MÉXICO BAJO ARCOS DE TRIUNFO, YA QUE EL PRESI JUÁREZ SE HABÍA AUSENTADO PARA ATENDER SU GOBIERNO EN LA CIUDAD DE ¡CHIHUAHUA!

(SEGUÍA CON LA CARROZA)

¿VISTE? ESTOS INDIOS SE COMEN LOS ELOTES!

¡QUÉ MONSERGA! DE CHIHUAHUA ME SEGUÍ A ZACATECAS, LUEGO A SAN LUIS, LUEGO A SALTILLO... ¡PINCHES FRANCHUTES!

106

José Narro

¡A LO MACHO QUE ES DE ADMIRARSE LA TERQUEDAD DE JUÁREZ EN CONSERVAR SU GOBIERNO A BORDO DE UNA CARROZA, Y EVITANDO QUE EL EJÉRCITO FRANCÉS LO ALCANZARA Y SE LO CHINGARA...!

¿CÓMO QUE "EL EJÉRCITO FRANCÉS...?

¿A QUÉ HORAS SE METIERON ESOS BUEYES?

PÉRATE, ES QUE RIUS SE SALTÓ UNOS AÑOS...

Santiago Hernández

PERDÓN. COMO DIJIMOS ENDENANTES, JUÁREZ NO TENÍA LANA (DINERO, PUES) NI PARA PAGARLE A LA TROPA... Y LO POCO QUE HABÍA ERA PARA PAGAR LOS INTERESES DE LA DEUDA EXTERNA...

¿DEBO? NO NIEGO ¿PAGO? NO TENGO...

1861

ASÍ QUE DECRETÓ UNA MORATORIA, ES DECIR, SUSPENDER POR 2 AÑOS LOS PAGOS DE LA DEUDA CON INGLESES Y FRANCESES

107

NO SE OS OLVIDE que a España nos debe también unos duros...

DE MODO Y MANERA QUE ESAS 3 POTENCIAS (Francia, España e Inglaterra) SE UNIERON PARA COBRARLE A MÉXICO A LO CHINO... (FINALMENTE, SÓLO QUEDARON LOS FRANCESES de **COBRONES** POR UNOS FAMOSOS PASTELES...)

ASÍ, CUANDO JUÁREZ DECRETÓ LA MORATORIA, NAPOLEÓN III INVADIÓ MÉXICO PARA VOLVERNOS COLONIA FRANCESA... Y GOBERNADA POR EL RUBIO Y OJIAZUL MAXIMILIANO...

¿ACEPTAN CAMOTES DE PUEBLA?

José Narro

José Narro

LAS TROPAS FRANCESAS FUERON DERROTADAS FEO EL **5 DE MAYO** EN PUEBLA: NO CONOCÍAN A LOS ZACAPOAXTLAS. NI AL GRAL. ZARAGOZA.

General Ignacio Zaragoza.

PERO LUEGO REGRESARON CON UN MONTÓN DE REFUERZOS, Y NOS REGRESARON LOS CAMOTES...

Y CASI SE ¡¡APODERARON DEL PAÍS...

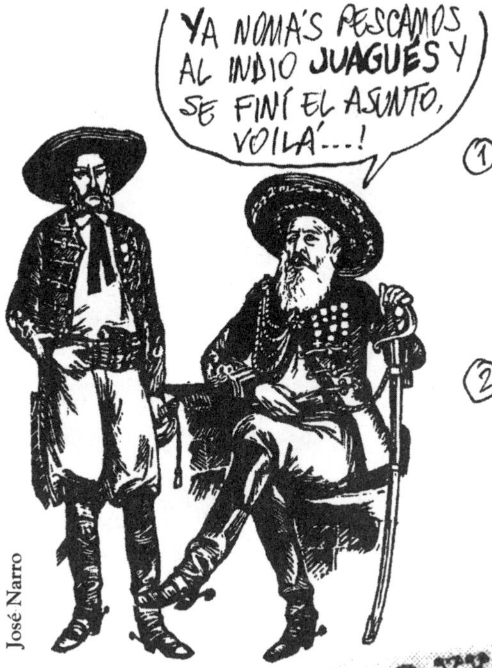
YA NOMÁS PESCAMOS AL INDIO **JUAGÜÉS** Y SE FINÍ EL ASUNTO, VOILÁ...!
José Narro

PERO DE PRONTO TODO SE LE VOLTEÓ A DON MAX...

① **N**APOLEÓN SE ABURRIÓ DE PAGAR LO QUE LE ESTABA COSTANDO LA AVENTURA MEXICANA Y RETIRÓ SUS TROPAS (QUE MAX SE NEGÓ A PAGAR...)

② **E**L TÍO SAM, TERMINADA SU GUERRA CIVIL, DEJÓ CLARO QUE **NO** IBA A TOLERAR QUE UNA POTENCIA EUROPEA ESTUVIERA EN SU VECINDARIO... (LA DOCTRINA MONROE)

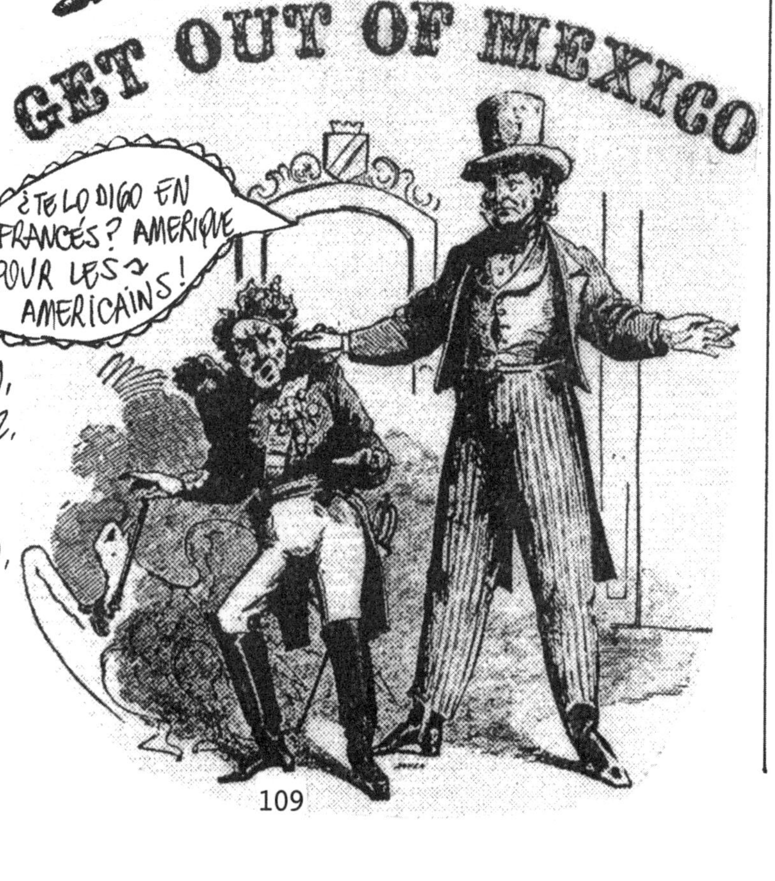
GET OUT OF MEXICO
¿TE LO DIGO EN FRANCÉS? AMERIQUE POUR LES AMERICAINS!

Y SEGÚN DICEN, AYUDÓ A JUÁREZ, SIN FIRMAR EL TRATADO McLANE-OCAMPO, NI NADA POR EL ESTILO...

y ③ LAS TROPAS CONSERVADORAS BAJO EL MANDO DE GENERALES DE DESFILE COMO MIRAMÓN Y MEJÍA (DEFENSORES DE DON MAX), NO TENÍAN EL CORAJE Y EL VALOR DE LAS TROPAS LIBERALES, QUE DEFENDÍAN SU PATRIA...

¿ Y ESTO CÓMO SE USA...?

SEPA... PRIMERO HAY QUE CHECAR SI TIENE AGUJERO...

José Narro

JUÁREZ, EL IMPASIBLE, SE HABÍA GANADO EL RESPETO DE TODOS, MIENTRAS QUE AL EMPERADOR NADIE LO QUERÍA (AUNQUE NO ERA MALA ONDA Y MÁS LIBERAL QUE MUCHOS).

...PUES RESULTÓ QUE MAXIMILIANO SE PUSO DEL LADO DE LOS LIBERALES Y EN CONTRA DE LA IGLESIA, NEGÁNDOSE A DEROGAR LAS LEYES DE REFORMA Y DICTANDO UNA SERIE DE MEDIDAS A FAVOR DE LOS POBRES Y DE LOS POBRES INDIOS...

MAXIMILIANO PODÍA HABER SIDO UN EXCELENTE GOBERNANTE... EN CUALQUIER OTRO PAÍS...

MENOS EN MÉXICO...

→ ACÁ SEGUÍA SIENDO "EL INVASOR", EL QUE NADIE HABÍA INVITADO...

Porfirio Díaz

Constantino Escalante

ACOSADAS LAS TROPAS IMPERIALES POR JUÁREZ POR EL NORTE, POR EL SUR POR LA TROPA DE PORFIRIO DÍAZ, Y POR TODAS PARTES POR LAS GUERRILLAS CHINACAS, SE VIERON OBLIGADOS (MAXIMILIANO Y SUS TROPAS) A REFUGIARSE EN LA CIUDAD DE QUERÉTARO EL 10 DE FEBRERO DE 1867 CON TODO Y SU IMPERIAL GOBIERNO...

Mon Dieu... ¿que me dijo mi mamá que hiciera...?

~→ CUARENTA MIL SOLDADOS LIBERALES DIRIGIDOS POR MARIANO ESCOBEDO SITIARON QUERÉTARO, DEFENDIDA POR DIEZ MIL CON MIRAMÓN, MEJÍA Y MÉNDEZ (PURAS EMES) → EL SITIO DURÓ TRES MESES HASTA QUE EL CORONEL MIGUEL LÓPEZ, FAVORITO DEL EMPERADOR, LO TRAICIONÓ FEO ENTREGÁNDOLO A ESCOBEDO.

...Y POS, NI MODO... MAXIMILIANO, QUIEN LLEGÓ A DECIR QUE↴

"Los indios son la mejor gente del país; los malos son los que se llaman decentes, los clérigos y los frailes..."

...FUE FUSILADO DE ACUERDO CON LAS LEYES DE LA GUERRA QUE ÉL MISMO HABÍA DICTADO.

MAXIMILIAN I. VON MEXIKO wird von Soldaten der mexikanischen Befreiungsarmee füsiliert. Abzulehnen. Bemerkenswert aber die Kühnheit, mit der verfassungsrechtliche Bedenken beiseite geschoben wurden.

QUIZÁS, SI HUBIERA LEÍDO LOS VERSITOS QUE LE PEGARON EN PALACIO, EL DÍA QUE LLEGÓ A MÉXICO, SE HUBIERA REGRESADO...

LLEGASTE MAXIMILIANO Y TE IRÁS MAXIMILÍ PUES LO Q. TRAJISTE DE ANO LO VAS A DEJAR AQUÍ

CURIOSAMENTE, MIENTRAS EL 1er EMPERADOR (ITURBIDE, QUE NO HIZO NADA POR MÉXICO) CUENTA CON 98 CALLES CON SU NOMBRE SÓLO EN LA CIUDAD DE MÉXICO, EL 2º, MAXIMILIANO, NO GOZA DE NINGUNA CALLE O CALLEJÓN... (¿ NI EN QUERÉTARO ?)
→ A LA MEJOR, CUANDO LOS LIBERALES LLEGUEN OTRA VEZ AL PODER...

112

→ ENTERRADO EL IMPERIO Y CONCLUIDA LA GUERRA (LA SEGUNDA GUERRA DE INDEPENDENCIA), JUÁREZ SE DISPUSO A REHACER AL PAÍS EN PAZ, Y UNA DE SUS PRIMERAS MEDIDAS FUE REDUCIR EL EJÉRCITO DE 60 MIL A 18 MIL HOMBRES...

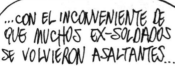

...CON EL INCONVENIENTE DE QUE MUCHOS EX-SOLDADOS SE VOLVIERON ASALTANTES...

... Y OTROS, INCLUIDOS GENERALES, SE VOLVIERON "PROTESTANTES" POR HABERSE QUEDADO SIN SUELDO...

↓ ¿ NADIE SE PASÓ CON LOS ZETAS? SEPA...

DON BENITO TENÍA POR DELANTE UN TRABAJAL ENORME, A SABER :

" PACIFICAR LA NACIÓN DEBILITAR EL MILITARISMO. FORTALECER LA ARRUINADA HACIENDA PÚBLICA Y EDUCAR AL PUEBLO " COMO LO PRINCIPAL .

Y MÁS AL RATO, MODERNIZAR LA AGRICULTURA, PONER FERROCARRILES, DAR SEGURIDAD EN CIUDADES Y CAMINOS, LLAMAR EN AYUDA AL CAPITAL EXTRANJERO, ESTABLECER LIBERTAD DE PENSAMIENTO...

... ...Y SI SOBRAN QUINTOS, COMPRARME UN TRAJE NEGRO PORQUE ÉSTE YA NO...

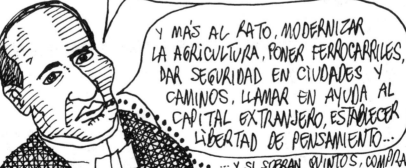

...COMO EMPEZABA A SER USUAL EN MÉXICO, LOS CONSERVADORES SE OPUSIERON A TODO LO QUE INTENTABA EL PRESIDENTE. CON LA FUERZA PODEROSA DE TRES 3 CLASES

• LOS MILITARES
• LOS POLÍTICOS Y LICENCIADOS, Y...
• EL GOLPEADO CLERO.

→ LA POCA PRENSA QUE HABÍA (PAGADA POR ESOS 3 PODERES) SE DEDICÓ A ATACAR FEROZMENTE A JUAREZ → QUIEN, ESTOICAMENTE RESPETÓ LA LIBERTAD DE PRENSA CONSAGRADA EN LA CONSTITUCIÓN.

A LOS MILITARES, MÁS O MENOS LOGRÓ NEUTRA-LIZARLOS... PERO CON LOS POLÍTICOS DEL CONGRESO NUNCA PUDO: LA MAYOR PARTE DE SUS INICIATIVAS FUERON RECHAZADAS O POSPUESTAS POR LA MAYORÍA CONSERVADORA...

Alamilla

JUAREZ TUVO QUE AGUANTAR LAS MÁS FEROCES CARICATURAS DE LA PRENSA CONSERVADORA - Y A VECES DE MONEROS LIBERALES - SIN CHISTAR, NI QUITARLES LOS ANUNCIOS.

114

¡PERO, LO PRINCIPAL SE HABÍA LOGRADO: RECUPERAR LA PATRIA, RECOBRAR EL PAÍS QUE HABÍA CAÍDO EN MANOS EXTRANJERAS. MÉXICO VOLVÍA A SER MÉXICO, Y NO UNA SUCURSAL VATICANA, ADMINISTRADA POR Y PARA BENEFICIO DE UNOS CUANTOS RICOS PRIVILEGIADOS, CHUPADORES DE LA SANGRE DE LOS JODIDOS DE SIEMPRE.

Y ESO SE LOGRÓ GRACIAS A UN EXTRAORDINARIO EQUIPO DE GENTES, PREPARADOS, BIEN PATRIOTAS Y HONRADOS (COSA RARA EN ESTE PAÍS), COMO FUERON AQUELLOS **LIBERALES** DE LA GLORIOSA **REFORMA**...

(AUNQUE ALGUNOS LUEGO CAMBIARON DE CAMISETA...)

...Y AUNQUE JUAREZ VENCIÓ AL ENEMIGO EXTERNO, A DURAS PENAS PUDO LOGRAR UNA PAZ POLÍTICA INTERNA QUE SIEMPRE LE NEGÓ EL CONGRESO QUE LO ACUSABA DE QUERER CONVERTIRSE EN DICTADOR...

N. 10.      LA ORQUESTA      T.° 1°.

Un gabinete de costura

~REPITIÓ 2 VECES COMO PRESIDENTE, ANTES DE MORIR EL 18 DE JULIO DE 1872 EN SUS MODESTAS HABITACIONES DE PALACIO, ESPEJO DE SU VIDA DE ABSOLUTA HONRADEZ (INCREÍBLE EN MÉXICO).

meses antes tuvo que sofocar el levantamiento de LA NORIA, encabezado por dos liberales de su mismo equipo, dolidos por haber "perdido" las elecciones...

esos liberales se llamaban MANUEL GONZÁLEZ y PORFIRIO DÍAZ...

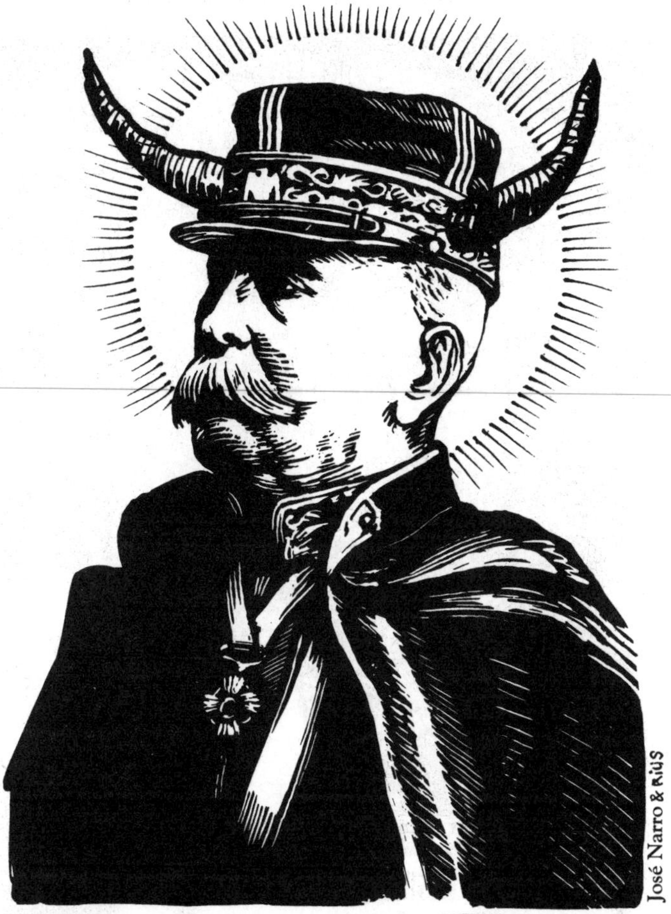
José Narro & RIUS

CAPÍTULO 6

# PORFIRIO DÍAZ

## EL BUENO, EL MALO Y EL FEO

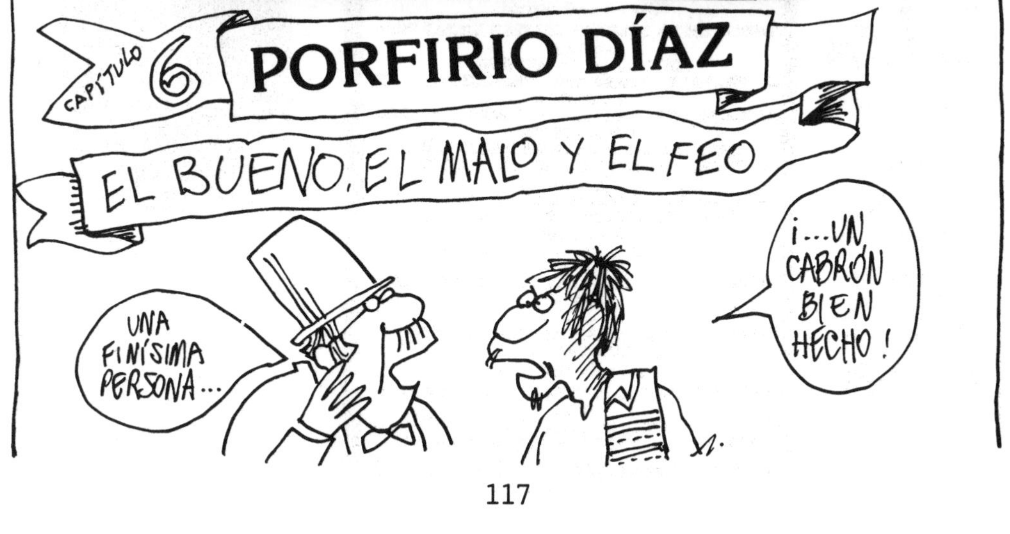
UNA FINÍSIMA PERSONA...
¡...UN CABRÓN BIEN HECHO!

# 1910

BIEN QUITADO DE LA PENA, DON PORFIRIO DÍAZ CELEBRABA EL CENTENARIO (NO SUYO, APENAS IBA EN LOS 80), SINO DE LA INDEPENDENCIA,

SIN SABER QUE EN DOS MESES LO IBAN A BOTAR DE LA SILLA UNOS REVOLTOSOS QUE (DECÍAN) YA NO LO AGUANTABAN...

EDICIONES camus
MEXICO

PRESENTAN HOY VIERNES 7 DE OCTUBRE
La interesantísima película

"LAS GRANDES FIESTAS DEL CENTENARIO"

(2a serie.—3 partes.)

DESFILE DE LA COLUMNA MILITAR DE LAS TRES ARMAS.
MANIOBRAS DE AVIONES.
LA FRAGATA ARGENTINA "SARMIENTO" EN VERACRUZ.
INAUGURACION DEL CIRCO AEREO Y VUELOS ACROBATICOS.
FIESTA DE LAS FLORES EN XOCHIMILCO.
LA NOCHE MEXICANA EN EL BOSQUE DE CHAPULTEPEC.
PASEO EN AUTOMOVILES A LOS NIÑOS POBRES.
EMBELLECIMIENTO DEL BOSQUE DE CHAPULTEPEC.
ILUMINACION DE LOS PRINCIPALES EDIFICIOS DE MEXICO.
RESIDENCIA DE LOS EMBAJADORES EXTRANJEROS.
—y—
FUNERALES DEL EXCMO. SR. DON DOMINGO RODRIGUEZ MARQUEZ DE ACEVEDO.
(Agregado Naval del Brasil.)

¡HOY VIERNES 7 de OCTUBRE, se ESTRENA en los CINES:
VENECIA — TRIANON PALACE — SAN JUAN DE LETRAN —y— SANTA MARIA LA REDONDA.

CON ESO DE QUE SÓLO SE HAN ESCRITO CHORROCIENTOS MIL LIBROS SOBRE LA CAÍDA DE DON PORFIS Y LA REVOLUCIÓN MEXICANA

↓

(Y HASTA YO HICE UNO LLAMADO LA REVOLUCIONCITA MEXICANA)

↓

VAMOS A HACER UN RESUMIDO RESUMEN DEL PORFIRIATO

Y DE LOS DIEZ AÑOS QUE ESTUVIERON ECHANDO BALA Y MATÁNDOSE LOS UNOS A LOS OTROS (1910-1920) EN ESA GUERRA CIVIL QUE HAN DADO EN LLAMAR LA REVOLUCIÓN MEXICANA.

¡ALABADO SEA, DON RIUS!

ESPERAMOS QUE NO HAYA DISCURSOS...

119

# EL PORFIRIATO

Indio mixteco de familia pobre y estudiante de leyes, el oaxaqueño Porfirio Díaz Mori acabó metiéndose al ejército dada su poca facilidad de palabra. Participó brillantemente en varias e importantes batallas contra los invasores franceses y en la defensa de la República liberal de Benito Juárez, con el que acabó teniendo un distanciamiento porque el otro oaxaqueño no lo dejaba sobresalir ni llegar al Poder.

Total: se levantó contra Juárez, y cuando éste murió, ganó las elecciones (1877) y fue elegido Presidente de la República.

Ya en el poder, reformó la Constitución para poder reelegirse y haciendo trampa y media, estuvo en el poder más de treinta años, salvo un corto ratito que le dejó calentarle la silla a su compadre Manuel González (el Manco).

Conforme pasó el tiempo, Porfirio Díaz se fue haciendo un hombre duro y autoritario, que se apoyaba en el ejército y la policía para gobernar a su modo y manera.

Se rodeó de *conservadores* que gobernaban a su lado y a quienes el pueblo llamó *los científicos*, porque dominaban el arte de hacer de la Administración pública buen negocio. También se asociaron con empresarios extranjeros que invertían su dinero en el país, gracias a enormes facilidades que les daba don Porfirio, lo que los volvió ( a los extranjeros y a los *científicos*) más ricos que nada. Eran dueños de fábricas, bancos, comercios y de los telégrafos y teléfonos, así como de los ferrocarriles, campos petroleros, minas y miles de haciendas.

Para facilitar la salida de las materias primas rápido y de buen modo, don Porfis propició el crecimiento de las redes ferroviarias en miles de kilómetros, lo que indudablemente benefició al país, lo que sea de cada quien...

Óscar Frías

¡ QUE VIVA MUCHOS AÑOS EL SEÑOR PRESIDENTE !

120

El lema de Porfirio Díaz era _Orden y Progreso._ Para mantener el "orden" recurrió a la mano dura, la represión a los obreros, el asesinato de opositores, el encarcelamiento de periodistas y "alborotadores" y la persecución despiadada de los indios que defendían sus tierras. Los abusos que se cometieron contra las comunidades indígenas ocasionaron rebeliones ídem. Los yaquis, por ejemplo, que eran excelentes agricultores, fueron masacrados por el ejército y a los sobrevivientes los enviaron como esclavos a Yucatán donde la mayoría murió por los malos tratos y el clima acalorado de la península.

Miguel Covarrubias

RESULTA POR DEMÁS CURIOSO QUE LOS DOS PRESIDENTES "INDIOS" QUE HA TENIDO MÉXICO, JUÁREZ ZAPOTECO Y DÍAZ, MIXTECO, NO HAYAN TENIDO UNA POLÍTICA ABIERTAMENTE PRO-INDÍGENA. PORQUE, SI BIEN JUÁREZ NO ATACÓ A LOS INDIOS, COMO LO HIZO DON PORFIS, TAMPOCO SE PREOCUPÓ POR ELLOS, SALVO EN SU EMPEÑO POR "ACERCARLOS" A LA "CIVILIZACIÓN" POR MEDIO DE LA EDUCACIÓN ESCOLAR...

Porfirio Díaz in 1908

el que nos jodió bastante jué don Pérfido

Las tierras arrebatadas a los indios pasaron a formar parte de las haciendas de ricos conservadores que necesitaban mucha mano de obra, de modo y manera que pueblos enteros, que habían perdido sus tierras, acabaron casi como esclavos de las haciendas. Nadie puede negar la explotación que sufrían, ni que hubo campesinos que tenían que pagar renta a la hacienda por las tierras que antes eran suyas.

121

En casi todas las haciendas no se pagaban los salarios con dinero sino con *vales*, que se canjeaban en las tiendas *de raya* por alimentos o vestimentas. Los campesinos le acababan debiendo siempre a los patrones y las deudas se heredaban, y si alguien escapaba de esa friega, la *guardia rural*, al servicio del gobierno y los hacendados, lo devolvía después de castigarlo.

Igual que en el campo, el descontento en las ciudades era muy grande. Imagínense, los obreros tenían que trabajar más de 14 horas; el trabajo era inseguro y en malas condiciones de higiene, los sueldos bajísimos y los niños, en vez de asistir a la escuela, se contrataban en las fábricas para ayudar a la familia.

Leopoldo Méndez

DON PORFIRIO ACAPARÓ TODO EL PODER EN SUS MANOS, CON UN CONTROL ABSOLUTO SOBRE DIPUTADOS, SENADORES Y GOBERNADORES.

NO PERMITIÓ NINGUNA OPOSICIÓN, NINGÚN PARTIDO, NINGUNA MANIFESTACIÓN DEL DESCONTENTO QUE HABÍA YA EN GRAN PARTE DEL PAÍS, QUE HABÍA "PACIFICADO" A TRANCAZOS...

Y EN EL CASO DE LA PRENSA, SE CANSÓ DE CERRAR REVISTAS Y ENCARCELAR PERIODISTAS Y MONEROS...

Diego Rivera

Si no se era rico, no se podía vivir ni a gusto ni en paz. La prensa, casi toda al servicio del Dictador, publicaba maravillas sobre "el hombre que había traído la paz y la prosperidad al país", sin aclarar que la paz había sido lograda matando a mucha gente, y que la prosperidad sólo alcanzaba al 10 por ciento, entre los que destacaban los extranjeros, sobre todo ingleses y franceses, y <u>menos</u>, los gringos.

Don Porfirio Díaz había hecho un país para unos cuantos, que vivían de otros muchos. Habíamos vuelto a la Colonia, ni más ni menos...

...Y ES QUE DON PORFIS SE HABÍA VUELTO... ¡UN VIEJITO **CONSERVADOR**...!

¿Y EL CLERO?

¡DON PORFIRIO ES UN GRANDIOSO ESTADISTA! NO COMO ESE PINCHE INDIO DE JUÁREZ!

EL DICTADOR ECHÓ A LA BASURA TODO LO HECHO POR LOS LIBERALES, LES REGRESÓ SUS IGLESIAS, BIENES Y CONVENTOS, ANULÓ LAS LEYES DE REFORMA Y PUSO EN SUS MANOS EL ENCARGO DE MANTENER QUIETOS Y ATARANTADOS A LOS CREYENTES...

J. Guadalupe Posada

TRANQUILIZADA LA NACIÓN (AQUÍ TRANQUILIDAD SE DERIVA DE TRANCA), DON PORFIS SE HIZO REELEGIR POR SEXTA VEZ PARA GOBERNAR DE 1904 A 1910 AL POBRE PAÍS. (Y ESO QUE NO CONTABA CON UN PRI...)

SIN EMBARGO, NO CONTABA CON LOS LIBERALES
(¿TODAVÍA EXISTÍAN?) COMANDADOS POR LOS **FLORES MAGÓN**...

TIENDA DE RAYA

F. Castro Pacheco

CUYOS ESCRITOS
Y ASESORÍA SE
MANIFESTARON EN
1906 EN LAS
HUELGAS DE

CANANEA

Y RÍO BLANCO Y

ORIZABA, DONDE
LAS TROPAS
PORFIRISTAS
FUSILAN A 200
HUELGUISTAS
COMO SI NADA...
(OTRO DÍAZ, 60
AÑOS MÁS TARDE,
GANARÍA OTRA
"BATALLA" IGUAL
EN TLATELOLCO...)

ESE MISMO AÑO, LEVANTAMIENTOS LIBERALES SON APLASTADOS
EN JIMÉNEZ, ACAYUCAN Y CIUDAD JUÁREZ POR UN GENERAL
CONSERVADOR QUE SE HARÍA FAMOSO →VICTORIANO HUERTA...

LAS COSAS SE LE EMPEZARON A COMPLICAR AL VIEJO TIRANO Y MÁS CUANDO UN HACENDADO CONSERVADOR -Y RICO, VALGA LA REDUNDANCIA- SE LE PUSO AL BRINCO, AL GRITO INOCENTE DE ⌣

## Sufragio Efectivo No-Reelección.

.. LO PEOR FUE QUE DETRÁS DE MADERO VENÍAN OTROS MENOS INOCENTES, COMO UN TAL **EMILIANO ZAPATA** Y OTRO TAL **FRANCISCO VILLA** Y MÁS TALES...

Posada

ÉSE FUI YO: FRANCISCO I. MADERO, ESPIRITISTA, 35 AÑOS, RESIDENTE EN SAN PEDRO DE LAS COLONIAS, COAHUILA, CASADO...

Rogelio Naranjo

...Y A LOS PRIMEROS BALAZOS, DON PORFIS TIRÓ LA TOALLA, DICIENDO:

Yo así no me llevo... Ahí los dejo con su Revolución. Gudbai...

A PARÍS

Diego Rivera

**EL DIARIO**

**Renuncian el Presidente y Vicepresidente de la República, Sres. Gral. Díaz y Corral**

QUEDA COMO PRESIDENTE INTERINO EL SR. LIC. FRANCISCO L. DE LA BARRA

NUEVAS ELECCIONES, AMNISTÍA GENERAL, RENOVACIÓN DEL GABINETE Y ARMISTICIO

SE FIRMÓ AYER EL ARMISTICIO GENERAL

126

# ¿ Y LOS INDIOS ?
# Bien, gracias...

HASTA DON BENITO JUÁREZ, Q. QUESQUE ERA **INDIO**, NOS DIO EN LA TORRE...

CONFUNDIMOS LA GIMNASIA CON LA MAGNESIA, Y LAS TIERRAS DE LOS INDIOS CON LAS DE LOS CURAS...!

FÍJENSE LO QUE PENSABAN LOS INDIOS, DE LA TIERRA: ↴

" Para los indios la tierra es sagrada y no puede venderse ni rentarse; tampoco puede quedar sin utilización indefinidamente. Además, **la tierra pertenece a las comunidades**, no a un individuo. Para los liberales del siglo XIX, Juárez incluido, el progreso sólo era posible por la propiedad privada; para que México entrara en la vida moderna y civilizada de los países avanzados, *la propiedad comunal de la tierra debía desaparecer*..." (Carlos Montemayor)

O SEA, LOS LIBERALES <u>NO</u> PENSABAN COMO INDIOS, SINO COMO <u>COLONIZADORES</u> : HABÍA QUE VOLVER A LA TIERRA UN NEGOCIO...

127

Por ello, cuando se decretó la Ley de Desamortización en 1856, consideraron erróneamente que las tierras de los indios eran <u>terrenos baldíos</u> ,igual que las propiedades de la Iglesia. E hicieron desaparecer legalmente a todas las propiedades de las comunidades indígenas, obligándolos a <u>registrar y titular individualmente sus tierras.</u> Y como los indios no sabían de leyes ni comprendían lo que era la "propiedad privada", lo aprovecharon los hacendados para reclamar esas tierras como baldías y quedarse con ellas.

HAY QUE QUITAR DE "MANOS MUERTAS" LAS TIERRAS QUE NO PRODUCEN DINERO NI RIQUEZA...

## LA TIERRA ES DEL QUE TE LA BAJA..

Y POR QUERER FREGAR AL CLERO, FREGARON A LAS COMUNIDADES INDÍGENAS QUE POSEÍAN Y TRABAJABAN LA TIERRA EN COMÚN...

Ante ese abuso contra los indios, algunas comunidades se levantaron en armas para exigir sus tierras, pero la única respuesta tanto de liberales como de conservadores, con Lerdo y con don Porfirio, fue la represión militar, no la solución política ni, como debía ser, el reconocimiento de sus derechos agrarios.

→ Tenían pues que seguir esperando...¿ la Revolución...?

¿ NO QUERÍA TIERRA...? POS ENTIÉRRENLO...

Leopoldo Méndez

128

# ¿ REVOLUCIÓN O DEVOLUCIÓN ?

TIERRA
Y
LIBERTAD

D. Rivera

Posada

Primero que nada...¿QUÉ ES UNA REVOLUCIÓN?

La mejor definición creemos que es esta:

MOVIMIENTO SOCIAL Y VIOLENTO PARA TRANSFOR-MAR LAS ESTRUCTURAS POLÍTICAS, ECONÓMICAS Y SOCIALES DE UN PAÍS.

Diego Rivera

De acuerdo con esta sabia definición, difícilmente se puede considerar a *eso* que han dado en llamar la REVOLUCIÓN MEXICANA, como revolución.

A lo más que llega es a una **REVUELTA**, que se define como una "rebelión"o una colección de asonadas, rebeliones, motines, alzamientos armados, sediciones y guerritas civiles.

Porque, vamos a ver : ¿qué *transformaciones* sufrieron las estructuras e instituciones del país ?

NINGUNA. NO CAMBIÓ NADA EN LO POLÍTICO, NI EN LO ECONÓMICO. QUIZÁS UN POQUITO EN LO SOCIAL POR LOS EFECTOS DE LA GUERRA EN TODO EL PAÍS.

*El país se había levantado en contra de Porfirio Díaz, que había traicionado los ideales liberales. Pero, tras años de luchas fratricidas, los vencedores no volvieron nunca a los ideales del liberalismo de la Reforma.*

SIGUIERON EN EL PODER LOS MISMOS DE SIEMPRE, PERO CON OTROS NOMBRES Y APARIENCIAS: **LOS RICOS, EL CLERO, LOS MILITARES**. NO PODEMOS DECIR QUE OBREGÓN, CARRANZA O CALLES ERAN LIBERALES O QUE LES IMPORTARAN LOS POBRES Y LOS INDIOS.

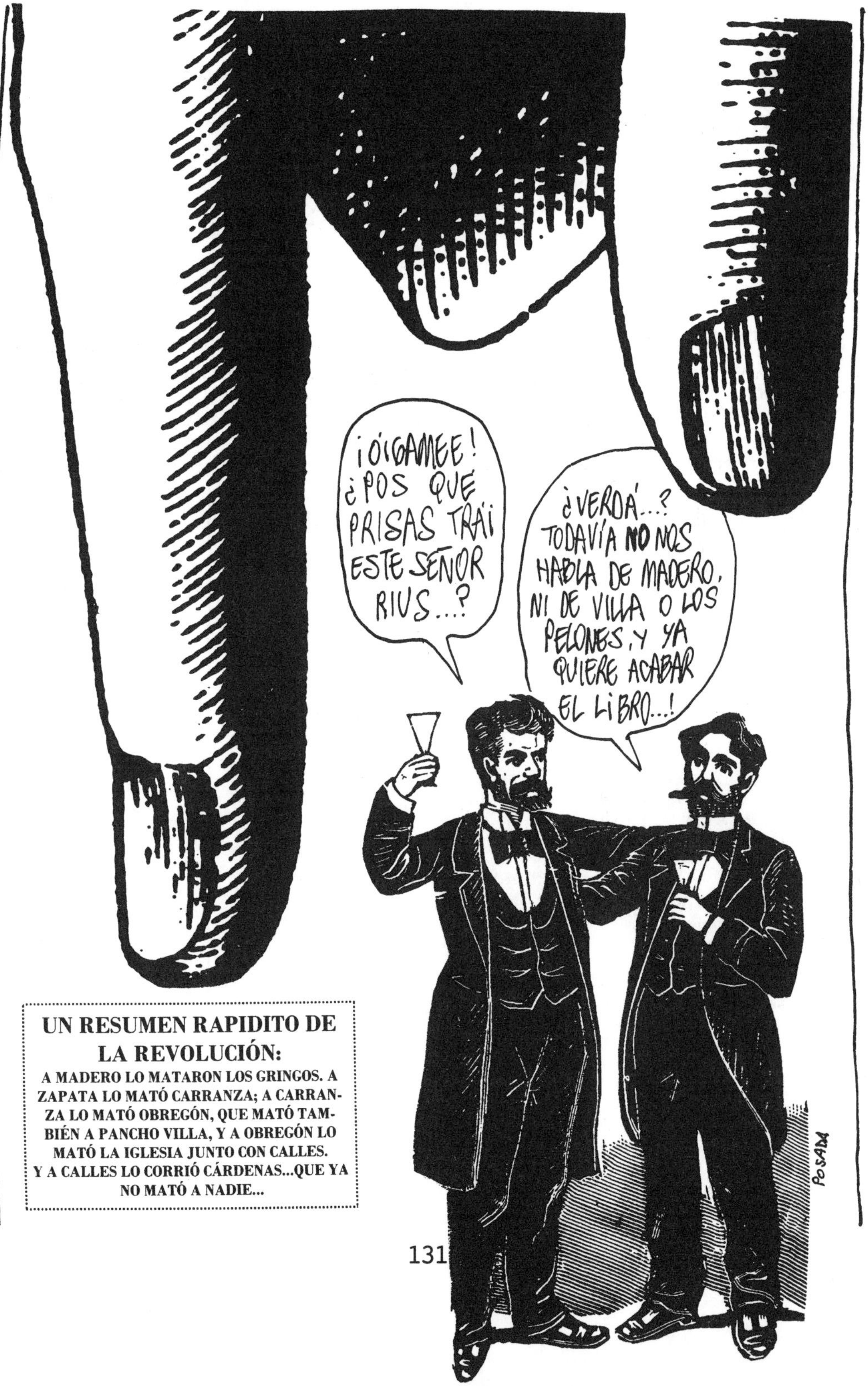
¡OÍGAMEE! ¿POS QUÉ PRISAS TRAI ESTE SEÑOR RIUS...?
¿VERDÁ...? TODAVÍA NO NOS HABLA DE MADERO, NI DE VILLA O LOS PELONES, Y YA QUIERE ACABAR EL LIBRO...!
POSADA
UN RESUMEN RAPIDITO DE LA REVOLUCIÓN:
A MADERO LO MATARON LOS GRINGOS. A ZAPATA LO MATÓ CARRANZA; A CARRANZA LO MATÓ OBREGÓN, QUE MATÓ TAMBIÉN A PANCHO VILLA, Y A OBREGÓN LO MATÓ LA IGLESIA JUNTO CON CALLES. Y A CALLES LO CORRIÓ CÁRDENAS...QUE YA NO MATÓ A NADIE...

**Los cuatro principales de la así llamada Revolución Mexicana fueron : Ricardo Flores Magón, Francisco I. Madero, Francisco Villa y Emiliano Zapata.**

Vamos a analizar comparativamente a cada uno de ellos, empezando por su **PROFESIÓN** y siguiendo por la Edad que tenían en 1910, sus **ESTUDIOS**, su **IDEOLOGÍA y RELIGIÓN**, su **MÉTODO PARA HACER LOS CAMBIOS**, su **AVANCE**, el **APOYO ECONÓMICO** y finalmente cuándo y cómo murieron.

| FLORES MAGÓN | MADERO | PANCHO VILLA | ZAPATA |
|---|---|---|---|
| PERIODISTA | RICO HACENDADO | REBELDE (antes fue bandolero y comerciante) | CAMPESINO Y PEÓN EN UNA HACIENDA |
| 37 AÑOS | 37 AÑOS | 32 AÑOS | 31 AÑOS |
| ESTUDIÓ LEYES, SIN RECIBIRSE. | Estudió comercio y administración de empresas en París y USA. | Semi-analfabeta | Semi-analfabeta |
| Partidario del Anarcosindicalismo y del Socialismo.Ateo. | Ninguna ideología. CATÓLICO. | Ideología : Agrarista. Católico a su modo. | Agrarista y Magonista. CATÓLICO a su modo |
| MÉTODO DE LUCHA: LA VÍA ARMADA para INSTALAR UN GOBIERNO REVOLUCIONARIO. | Método de lucha: VÍA ELECTORAL PARA ESTABLECER un Gobierno Reformista. | Partidario de la LUCHA ARMADA para crear un Gobierno Revolucionario. | Partidario de la LUCHA ARMADA (guerrillera) para hacer luego un Gobierno Popular |
| Llegó a ser dirigente del Partido Liberal Nacional y Director de varias publicaciones. | Llegó a PRESIDENTE de la República EN ELECCIONES libres. | Llegó a General y Gobernador de Chihuahua. | Llegó a ser General. |
| Financiamiento: APORTACIONES DE LOS AGREMIADOS Y DONATIVOS. | Su movimiento fue financiado en parte por los USA y en parte por su familia. | Se financiaba quitándoles a los hacendados ricos y expropiando compañías gringas. | Financiaba sus guerrillas expropiando a los hacendados ricos de Morelos. |
| Murió asesinado en una prisión norteamericana en 1922. | Murió asesinado en 1913 por órdenes de Victoriano Huerta y la Embajada de los Estados Unidos. | Murió asesinado en 1923 por órdenes de Obregón en la ciudad de Parral, en Chihuahua. | Murió asesinado en 1919 en Chinameca,Morelos, por órdenes de Carranza. |

J. Clemente Orozco

Alfredo Zalce

Madero fue calificado por Flores Magón como "un pobre idiota", que sólo quería un cambio de Presidente sin violencia y sin cambiar nada en las estructuras sociales. Sólo quería llevar a cabo REFORMAS no revolucionarias, por lo que se enfrentó primero a Flores Magón, y luego a Villa y Zapata, que exigían la devolución de las tierras que habían robado los ricos hacendados desde tiempos de la Colonia española. Madero resultó incapaz de controlarlos, por lo que los USA decidieron cambiarlo por un "duro" como Victoriano Huerta, apoyado por la Iglesia, que lo asesinó. Huerta encontró la oposición de Villa, Zapata y viejos porfiristas encabezados por Carranza. Eliminado Huerta, se soltó la Guerra Civil entre las distintas facciones y así se acabó lo que nunca llegó a Revolución...

133

¡ OH QUÉ MOLER CON ESTE RIUS! APENAS EMPEZAMOS Y YA VAN **DOS** VECES QUE MATA A LA REVOLUCIÓN... ¡ CARAXO !

¿ NO VA A DECIR NADA DE GENOVEVO DE LA O, PÁNFILO NATERAS, MACLOVIO HERRERA, BENJAMÍN ARGUMEDO, LUCIO BLANCO, AMADOR SALAZAR, ULALIO GUTIÉRREZ, JELIPE ÁNGELES O EL TURCO CALLES...?

¿ O DE LAS VIEJAS DE PANCHO VILLA ?

¡ YO QUIERO SABER SI VAN A CANONIZAR AL PADRE PRO, A LA MADRE CONCHITA Y A LUCAS ALAMÁN...!

Posada

KELLY

134

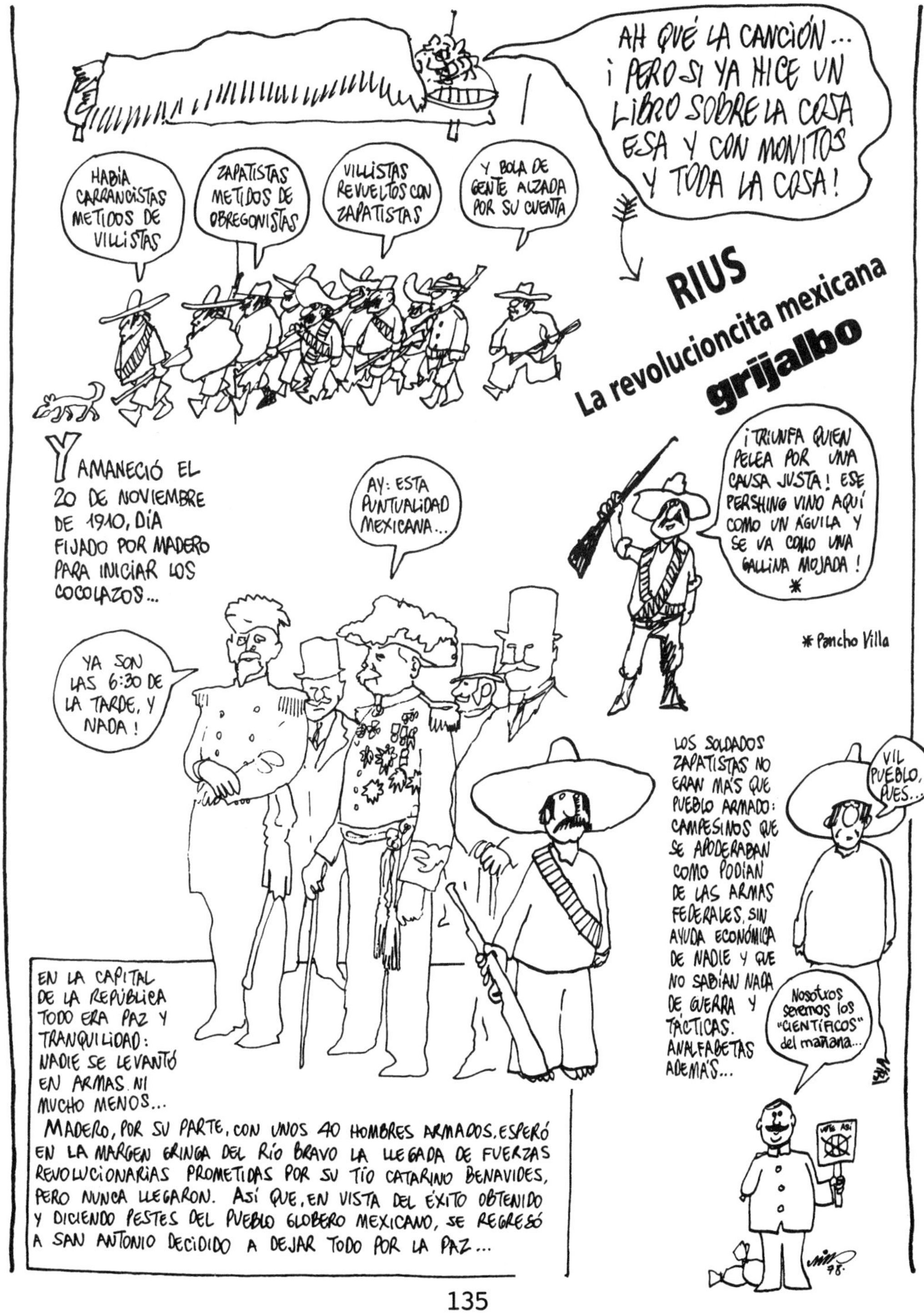
AH QUÉ LA CANCIÓN... ¡PERO SI YA HICE UN LIBRO SOBRE LA COSA ESA Y CON MONITOS Y TODA LA COSA!
HABÍA CARRANCISTAS METIDOS DE VILLISTAS
ZAPATISTAS METIDOS DE OBREGONISTAS
VILLISTAS REVUELTOS CON ZAPATISTAS
Y BOLA DE GENTE ALZADA POR SU CUENTA
RIUS
La revolucioncita mexicana
grijalbo
Y AMANECIÓ EL 20 DE NOVIEMBRE DE 1910, DÍA FIJADO POR MADERO PARA INICIAR LOS COCOLAZOS...
AY: ESTA PUNTUALIDAD MEXICANA...
¡TRIUNFA QUIEN PELEA POR UNA CAUSA JUSTA! ESE PERSHING VINO AQUÍ COMO UN ÁGUILA Y SE VA COMO UNA GALLINA MOJADA! *
* Pancho Villa
YA SON LAS 6:30 DE LA TARDE, Y NADA!
LOS SOLDADOS ZAPATISTAS NO ERAN MÁS QUE PUEBLO ARMADO: CAMPESINOS QUE SE APODERABAN COMO PODÍAN DE LAS ARMAS FEDERALES, SIN AYUDA ECONÓMICA DE NADIE Y QUE NO SABÍAN NADA DE GUERRA Y TÁCTICAS. ANALFABETAS ADEMÁS...
VIL PUEBLO, PUES...
EN LA CAPITAL DE LA REPÚBLICA TODO ERA PAZ Y TRANQUILIDAD: NADIE SE LEVANTÓ EN ARMAS NI MUCHO MENOS...
Nosotros seremos los "CIENTÍFICOS" del mañana...
MADERO, POR SU PARTE, CON UNOS 40 HOMBRES ARMADOS, ESPERÓ EN LA MARGEN GRINGA DEL RÍO BRAVO LA LLEGADA DE FUERZAS REVOLUCIONARIAS PROMETIDAS POR SU TÍO CATARINO BENAVIDES, PERO NUNCA LLEGARON. ASÍ QUE, EN VISTA DEL ÉXITO OBTENIDO Y DICIENDO PESTES DEL PUEBLO GLOBERO MEXICANO, SE REGRESÓ A SAN ANTONIO DECIDIDO A DEJAR TODO POR LA PAZ...

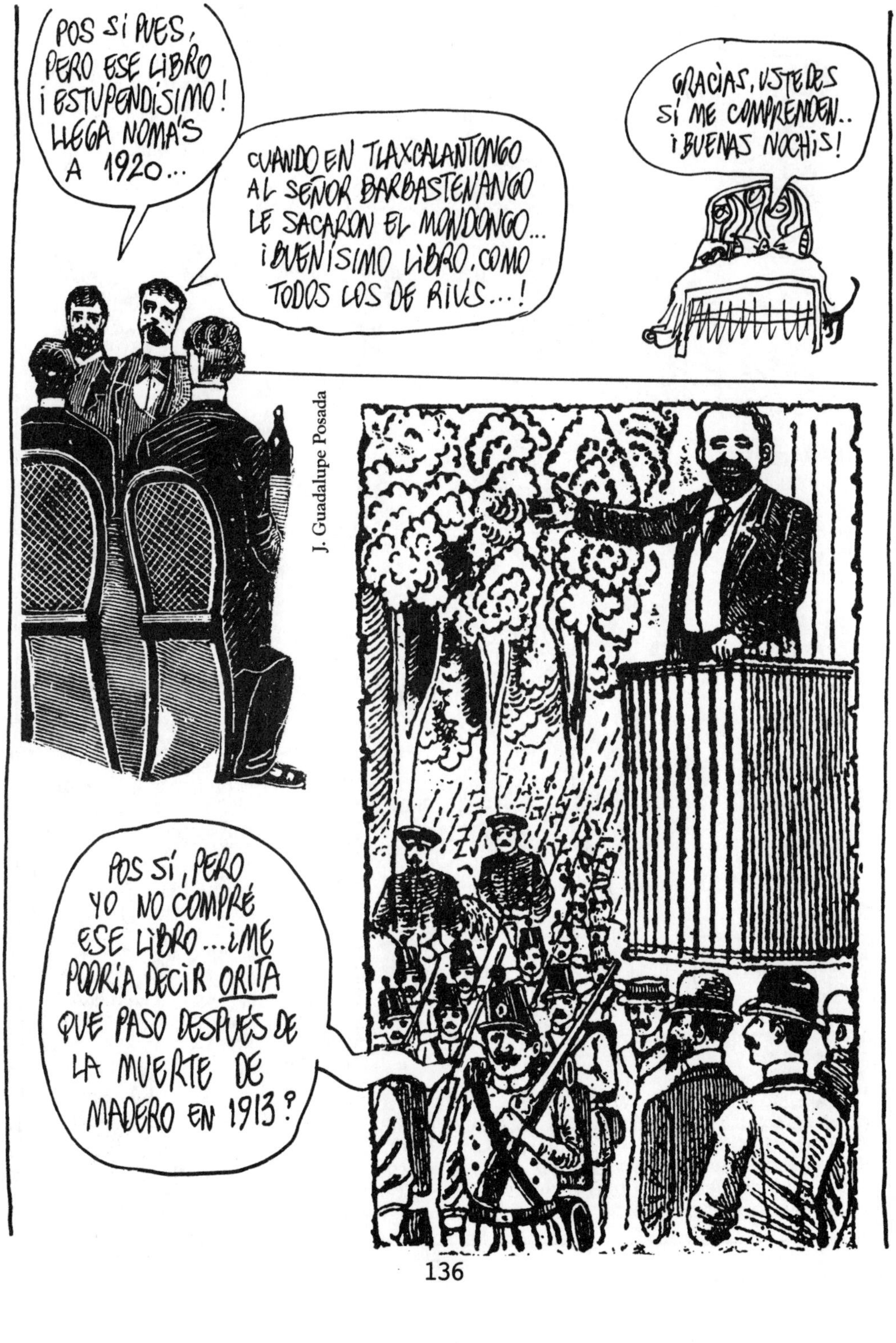

POS SÍ PUES, PERO ESE LIBRO ¡ESTUPENDISIMO! LLEGA NOMÁS A 1920...
CUANDO EN TLAXCALANTONGO AL SEÑOR BARBASTENANGO LE SACARON EL MONDONGO... ¡BUENISIMO LIBRO, COMO TODOS LOS DE RIUS...!
GRACIAS, USTEDES SÍ ME COMPRENDEN.. ¡BUENAS NOCHIS!
J. Guadalupe Posada
POS SÍ, PERO YO NO COMPRÉ ESE LIBRO... ¿ME PODRÍA DECIR ORITA QUÉ PASO DESPUÉS DE LA MUERTE DE MADERO EN 1913?

muertos Madero y Huerta (su asesino) quedaron frente a
frente las dos corrientes
**ZAPATA Y VILLA vs. OBREGÓN Y CARRANZA.**
Por un lado los que querían una verdadera Revolución,
y por el otro, los que NO la querían.
Todos sabemos cuál ganó, así que…
**¿QUÉ REVOLUCIÓN FESTEJAMOS ?**

COMADRE:
DICEN QUE
LA PATRIA
ESTÁ DE
FIESTA…

¿ Y ESTAMOS
INVITADOS LOS
JODIDOS ?

Gonzalo de la Paz

EXTRAÑÍSIMO QUE QUIENES INVITAN AL FESTEJO DEL
BICENTENARIO SEAN…¡OH PARADOJA ! LOS MISMOS
QUE MATARON A HIDALGO, MORELOS, VILLA Y ZAPATA…

SERÁ DIVERTIDO VER CÓMO CELEBRAN EL BICENTENARIO LOS QUE VEJARON, TORTURARON Y EXCOMULGARON A LOS PADRES DE LA INDEPENDENCIA, **HIDALGO** Y **MORELOS**, SIN RUBORIZARSE...

# HUERTA Y EL ARZOBISPO

J. Clemente Orozco

Y.C OROZCO

¡HURRA FOR THE LIBERTY!

¡VIVA LA REVOLUCIÓN!

¡VIVA CRISTO REY!

LA LIBERTAD NOS ESCUDA!

BIG STICK

J. Clemente Orozco

AUNQUE YO CREO QUE SERÁ MÁS DIVERTIDO
VER CÓMO CELEBRAN LA MUERTE DE
MADERO POR SU SOCIO VICTORIANO, O
LA ENTREGA DE LOS CRISTEROS AL
GOBIERNO FEDERAL...

¿HABRÁ TE DEUM CON MISA CANTADA
DE TRES PADRES, O UNA SIMPLE
PEREGRINACIÓN AL CUBILETE...?

## ¿ Y cuáles fueron los famosísimos
### *Ideales de la Revolución Mexicana* ?

Uno fue aquello de

*Sufragio efectivo, no reelección*. O como quien dice, la
Democracia. El otro fue aquel de Zapata y Villa
*Tierra , Libertad y Justicia* .Y el otro sería el de los
Liberales y anarquistas:
*Obreros y campesinos al poder.*

A cien años de distancia...
¿ alguno se ha cumplido ?

EL **PRIAN** PODRÍA
CONTESTAR SI YA
HAY EN MEXICO
ELECCIONES
LIMPIAS Y SIN
FRAUDES...

García Cabral

¡Y con el peso de nuestras convicciones, continuaremos la noble causa de la Revolución, que libertó al pueblo de la odiosa tiranía, de la miseria y de la opresión!

Frases y hechos de algunos "revolucionarios"

PREGUNTEN "POR AHÍ" SI HAY ALGUIEN QUE CREA QUE VIVIMOS EN UNA DEMOCRACIA MÁS O MENOS DECENTE... O SI NUESTRO SISTEMA ELECTORAL ES CONFIABLE... O SI ALGUIEN PERTENECE A ALGUNO DE LOS CORRUPTOS PARTIDOS POLÍTICOS QUE "NOS REPRESENTAN" EN LAS CÁMARAS... O SI ALGUIEN HA VUELTO A VER A "SU" DIPUTADO... O SI IR A VOTAR SIRVE DE ALGO...

SOBRE EL PROBLEMA AGRARIO NO TENEMOS DUDAS: SE HA RESUELTO EXITOSAMENTE, AUNQUE SEA (DE MOMENTO) EN LOS UNITED STATES...

Andrés Audiffred

ESPALDAS MOJADAS

141

Rogelio Naranjo

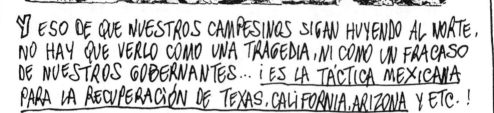

Y ESO DE QUE NUESTROS CAMPESINOS SIGAN HUYENDO AL NORTE, NO HAY QUE VERLO COMO UNA TRAGEDIA, NI COMO UN FRACASO DE NUESTROS GOBERNANTES... ¡ES LA TÁCTICA MEXICANA PARA LA RECUPERACIÓN DE TEXAS, CALIFORNIA, ARIZONA Y ETC.!

Alberto Beltrán

Y ESO QUE PRETENDÍA FLORES MAGÓN, DE QUE LOS OBREROS TUVIERAN DERECHO A ORGANIZARSE EN SINDICATOS LIBRES E INDEPENDIENTES, DERECHO A LA HUELGA, UN SALARIO MÍNIMO DECENTE, JUBILACIÓN DIGNA Y ETCÉTERA, ¿NO ERAN ACASO SUEÑOS GUAJIROS Y UTÓPICOS...?

142

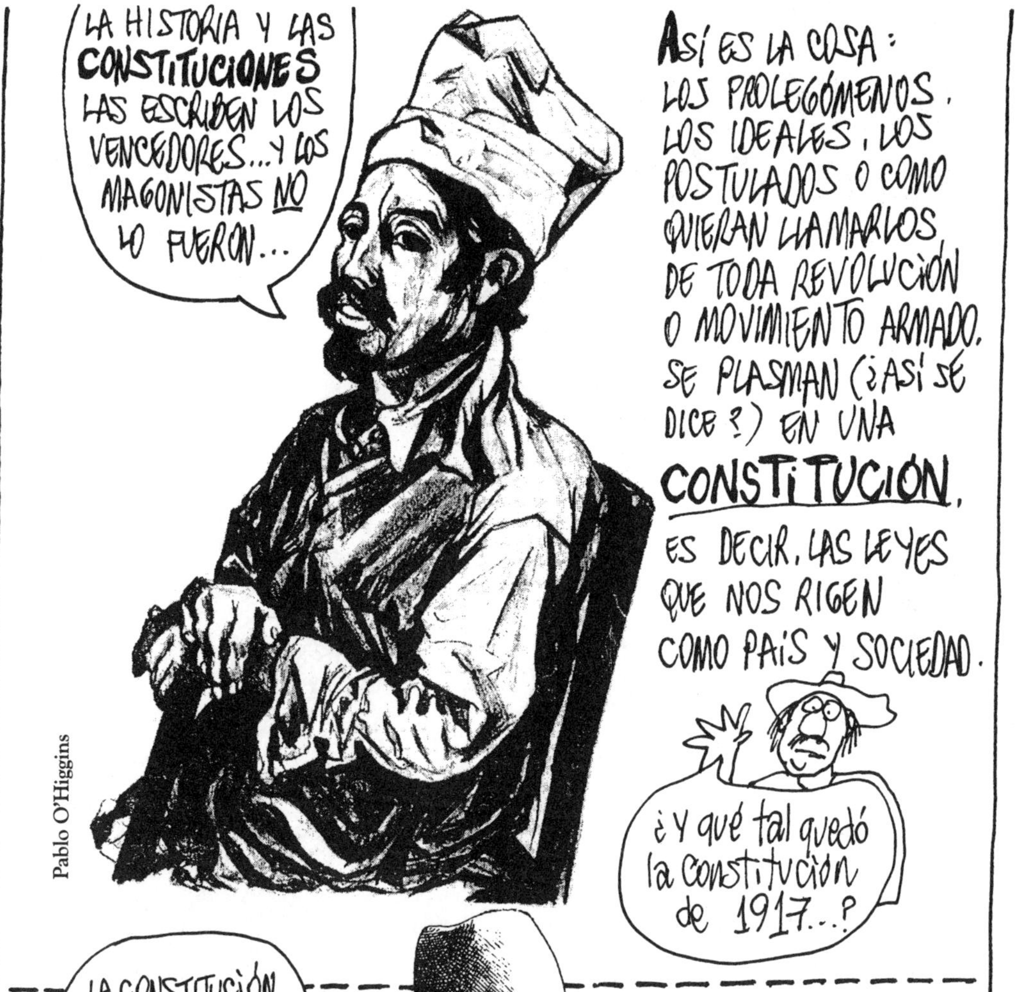
LA HISTORIA Y LAS CONSTITUCIONES LAS ESCRIBEN LOS VENCEDORES... Y LOS MAGONISTAS NO LO FUERON...
ASÍ ES LA COSA: LOS PROLEGÓMENOS, LOS IDEALES, LOS POSTULADOS O COMO QUIERAN LLAMARLOS, DE TODA REVOLUCIÓN O MOVIMIENTO ARMADO, SE PLASMAN (¿ASÍ SE DICE?) EN UNA CONSTITUCIÓN,
ES DECIR, LAS LEYES QUE NOS RIGEN COMO PAÍS Y SOCIEDAD.
¿Y qué tal quedó la constitución de 1917...?

Pablo O'Higgins

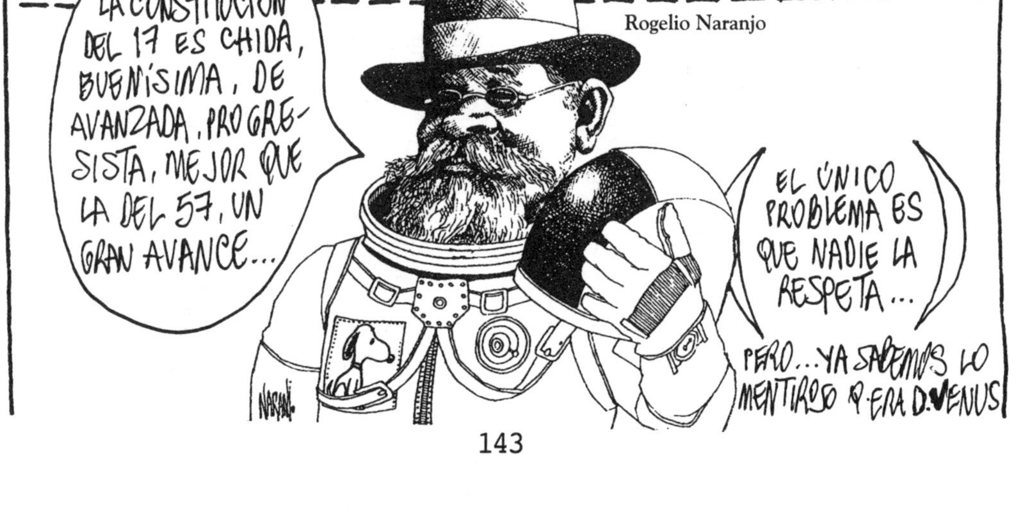
LA CONSTITUCIÓN DEL 17 ES CHIDA, BUENÍSIMA, DE AVANZADA, PROGRESISTA, MEJOR QUE LA DEL 57, UN GRAN AVANCE...
EL ÚNICO PROBLEMA ES QUE NADIE LA RESPETA...
PERO... YA SABEMOS LO MENTIROSO Q. ERA D. VENUS
NARANJO

Rogelio Naranjo

# LA CONSTITUCIÓN DEL 17 TUVO UN "PEQUEÑO" PROBLEMA:

LA HICIERON SÓLO LOS DE CARRANZA... *

Diego Rivera

* SE COLARON NADIE SABE CÓMO EL GRAL. MÚJICA Y HERIBERTO JARA, QUE METIERON EN LA CONSTI EL ART. 3° Y EL 27° ENTRE OTROS "DECENTES"...

**NO** PARTICIPARON EN SU ELABORACIÓN NI VILLISTAS, NI MAGONISTAS, NI ZAPATISTAS, NI CONSERVADORES CLERICALES, NI ALGÚN REPRESENTANTE DE LOS INDIOS NI DE LAS MUJERES...

Posada

ASÍ QUE ES UNA CONSTITUCIÓN BIEN MACHISTA

# TENEMOS UNA CONSTITUCIÓN A MEDIAS DE LO QUE NECESITA EL PAÍS, Y QUE ADEMÁS HA SIDO MUTILADA, PARCHADA Y REFORMADA, SEGÚN LOS CAPRICHOS Y NECESIDADES DE CADA PRESIDENTE

OTRO CLIENTE,.....QUE CUÁNTO POR LA ESTATUA QUE ESTÁ FRENTE AL HOTEL MARÍA ISABEL

MEXICANA CANANEA REAL DEL MONTE TELMEX PETROQUIMICA

Rogelio Naranjo

...COMO QUE ESTÁ YA HACIENDO FALTA OTRA CONSTITUCIÓN, ¿NO DON BENITO?

SÍ, PERO POR FAVOR, SIN EL PELÓN SALINAS...

¡SUS REFORMAS A VARIOS ARTÍCULOS REGRESARON EL PAÍS A LOS TIEMPOS DE LA COLONIA Y DEL PORFIRIATO, COÑO!

CON SALINAS Y LOS NEOLIBERALES, LA IGLESIA VOLVIÓ AL PODER, Y CON SU INVENTO DEL **TLC** PERDIMOS LA POCA INDEPENDENCIA QUE TENÍAMOS...

Ron Cobb

FOREIGN AID

R.COBB

Abel Quezada

...PUES DESDE EL GOBIERNO DEL TIBIO DE LA MADRID IMPULSÉ SALI... CON ZEDI... ACEPTO LA PERDIDA DE LOS PINOS ANTE EL MEROLICO FOX...

ALTO EN NOMBRE DE LA LEY!

¿...QUE PASIÓN, CAMBUJO? ¿QUÉ?

PUES, DEJE VER SI ME ACUERDO....SÍ QUE POR TRATARSE DE UN LIBRO DE LA INDEPENDENCIA Y LA REVOLUCIÓN...

...NO ESTÁ USTÉ AUTORIZADO PARA MENCIONAR NOMBRES QUE NO PERTENECEN A NINGUNA DESAS DOS COSAS...

...POR LO TANTO NO DEBE HABLAR DE LOS... ¡PÉRESE, AQUÍ LOS TRAIGO APUNTADOS!

"MIGUEL DE LA MADRID, SALINAS DE GORTARI, MIGUEL ALEMÁN, LÓPEZ MATEOS, ERNESTO P. ZEDILLO, FOX VICENTE, RUIZ CORTINES, LUIS ECHEVERRÍA, GUSTAVO DÍAZ ORDAZ, NI MUCHO MENOS DEL ACTUAL LICENCIADO FECAL..."

No se llama así, sino Felipe Calderón...

POS AQUÍ ME PUSIERON ASÍ...¿YA ENTENDIÓ, PROFE?

MÁS BIEN NO... ¿NADA MÁS PUEDO HABLAR DE LOS QUE HICIERON LA REVOLUCIÓN Y LA INDEPENDENCIA?

SÍ PUES: EL CURA HIDALGO, FIDEL VELÁZQUEZ, ZAPATA Y VILLA, MORELOS, LA SRA. GORDILLO... USTÉ SABE, PUES...

CLARO, CLARO... ENTONCES SÓLO HABLO DE CUANDO HUBO REVOLU...¿Y CUANDO ACABÓ LA REVOLUCIÓN, CAMBUJO...?

147

OH PUES, DEJE VER... ¿NO FUE CUANDO LO DE TLATELOLCO, EN EL 68...?

AY CAMBUJO... ¿POS QUÉ NO LEE USTED LOS PERIÓDICOS...?

SE LO VOY A DEJAR DE TAREA: ¿CUANDO ACABO LA REVOLUCIÓN Y QUIÉN LA GANÓ...??

LE VOY A PREGUNTAR A DON PERPETUO, SEGURO QUE ÉL SABE...

¿YA APRENDIÓ A LEER? BUENO, CON LA TELEVISIÓN NO HACE FALTA SABER LEER NI ESCRIBIR...

POR ESO CADA VEZ HAY MÁS ANALFABESTIAS, LE DIGO... ¿NO SE LE OLVIDÓ LA TAREA?

¿¡CÓMO CREE!? NOS VEMOS, AHÍ LE DEJO LA LISTA...

"¿QUIÉN MATÓ A LA REVOLUCIÓN ANTES QUE SE ACABARA? ¿QUIÉN MATÓ A LA REVOLUCIÓN ANTES QUE SE...

¡POR CARRANCISTA!

VIVA VILLA...

Posada.

EL PUEBLO DE México le entró a los cocolazos en serio: más de un millón de pobres murieron, muchos sin saber por qué morían, ni qué era eso de *"sufragio efectivo y no reelección"*. NI VOTARON nunca.

148

¡A MI VIEJO LO MATARON PA' QUEDARSE CONMIGO...!

Posada

Otros muchos murieron al grito de *TIERRA Y LIBERTAD* y la única tierra que les tocó, en el mejor de los casos, fue la del panteón donde los enterraron...

EN MÉXICO NOS HAN HECHO CREER QUE LOS VENCIDOS (VILLA, ZAPATA, FLORES MAGÓN) FUERON LOS QUE *GANARON*...Y QUE SUS IDEALES Y EXIGENCIAS FUERON RESPETADOS Y LLEVADOS A LA PRÁCTICA...

¡QUÉ MENTIROTA!

Y NOS HAN HECHO CREER TAMBIÉN QUE OBREGÓN Y CARRANZA LUCHABAN POR LO MISMO QUE VILLA Y ZAPATA...
¡Y NO FUE ASÍ!

si hubieran sido del mismo equipo, ¿por qué carranza se echó a zapata, y obregón a villa?

¿AH...VERDAD...?

José Narro

149

ESA TRAMPOSA "UNIDAD NACIONAL" ENTRE LAS VICTIMAS Y SUS ASESINOS, ES COMO ENTERRAR JUNTOS A MAXIMILIANO Y DON BENITO JUAREZ...

(O A TROTSKY & STALIN)

Diego Rivera

¡O AL PAN CON EL PRI!

AY DON PERPE, DEVERAS QUE ES USTÉ PENDEJO: ¡ÉSOS SON LO MISMO Y DUERMEN JUNTOS...!

A VER...

¿ESTÁN TRATANDO DE DECIR QUE LA REVOLUFIA SE ACABÓ CON LA MUERTE DE VILLA Y ZAPATA?

Fdo. Castro Pacheco

150

L. Dávila Madrid

...COMO HAY QUIEN DICE QUE LA REVOLUCIÓN SE ACABÓ CON EL ASESINATO DE MADERO, TAMBIÉN HAY QUIEN AFIRMA QUE SE ACABÓ CUANDO DEJARON COMO COLADERA A CARRANZA...

Ah, pero también a Obregón lo dejaron como coladera...y eso que Toral solo le disparó 2 veces

Y NO FALTA QUIEN DIGA QUE LA REVOLUFIA MURIÓ JUNTO CON PANCHO VILLA (1923)

FAVOR QUE ME HACEN...

PERO...

¿CÓMO IBA A ACABAR SI NI SIQUIERA HABÍA COMENZADO...?

151

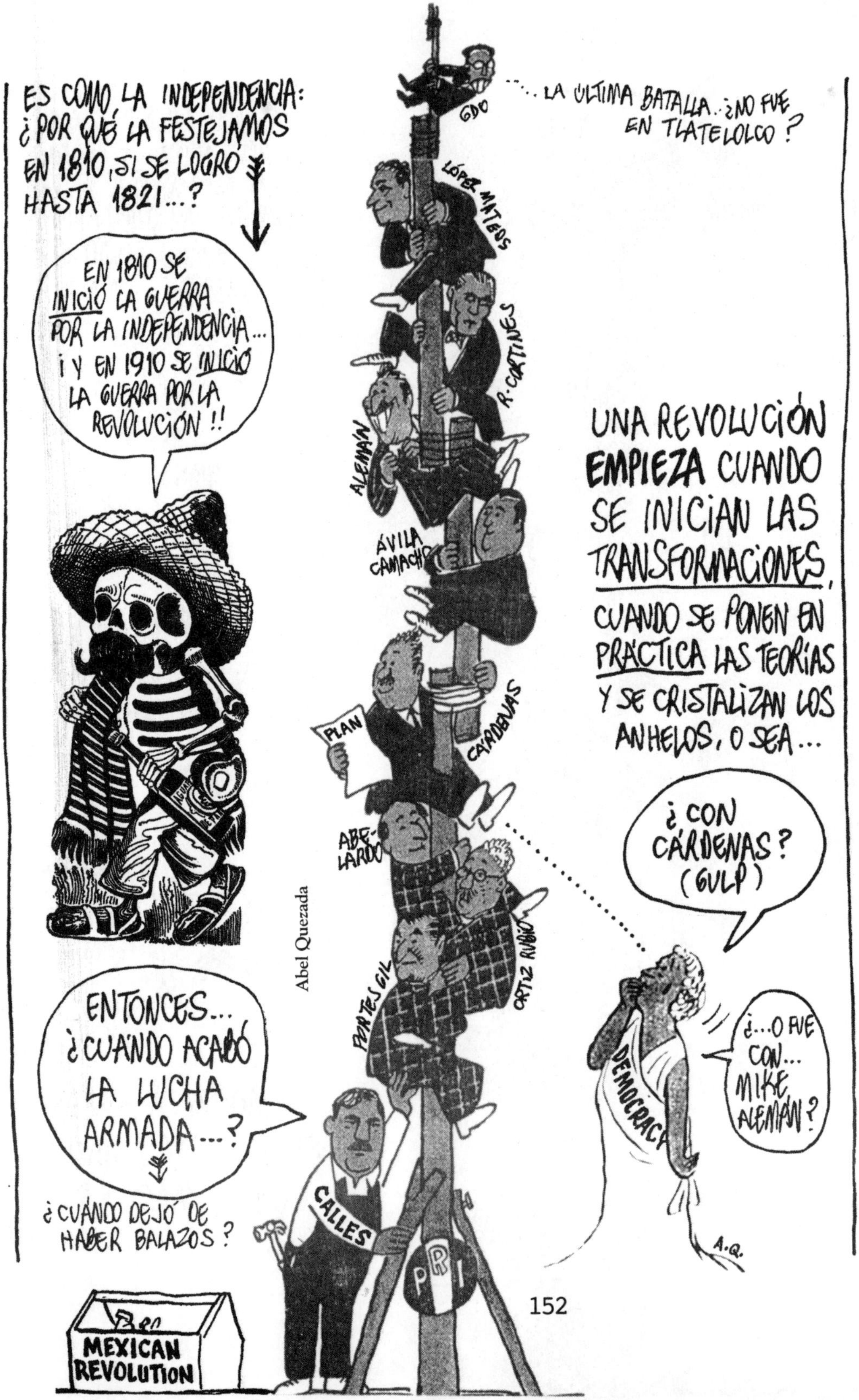
ES COMO LA INDEPENDENCIA: ¿POR QUÉ LA FESTEJAMOS EN 1810, SI SE LOGRÓ HASTA 1821...?
EN 1810 SE INICIÓ LA GUERRA POR LA INDEPENDENCIA... ¡Y EN 1910 SE INICIÓ LA GUERRA POR LA REVOLUCIÓN!!
ENTONCES... ¿CUÁNDO ACABÓ LA LUCHA ARMADA...?
¿CUÁNDO DEJÓ DE HABER BALAZOS?
GDO
...LA ÚLTIMA BATALLA... ¿NO FUE EN TLATELOLCO?
LÓPEZ MATEOS
R. CORTINES
ALEMÁN
ÁVILA CAMACHO
PLAN
CÁRDENAS
ABE-LARDO
ORTIZ RUBIO
PORTES GIL
CALLES
PRI
MEXICAN REVOLUTION
Abel Quezada
UNA REVOLUCIÓN **EMPIEZA** CUANDO SE INICIAN LAS TRANSFORMACIONES, CUANDO SE PONEN EN PRÁCTICA LAS TEORÍAS Y SE CRISTALIZAN LOS ANHELOS, O SEA...
¿CON CÁRDENAS? (GULP)
¿...O FUE CON... MIKE ALEMÁN?
DEMOCRACIA
A.Q.

# NO: CON MIGUEL ALEMÁN EMPEZÓ LA ROBOLUCIÓN...

(PARA QUE NO SE ENOJEN ALGUNOS (DE SUS ADMIRADORES) VAMOS A VER...
¿Qué tan revolucionarios fueron CALLES y PORTES GIL?)

Covarrubias

COVARRUBIAS

García Cabral

CABRAL

Si la historia oficial (la que aparece en los libros de texto), dijera la verdad sobre Calles, tendría que decir, no sólo las cosas buenas, sino también que **antes de meterse a los balazos contra Huerta, fue profesor, comisario de policía en Agua Prieta, Sonora (su tierra), que fue nombrado Gobernador de Sonora por Carranza, donde persiguió a los chinos y casi acabó con los indios yaquis, además de que corrió a todos los curas. Que fusiló a bastantes generales que le hacían la competencia (Serrano y Gómez en Huitzilac, entre otros), que pactó con el clero, los generales y terratenientes, para no hacer el reparto de tierras. Que se hizo llamar** *Jefe Máximo de la Revolución* **siendo Presidente, que fue el creador del PRI (PNR primero), imponiendo como presidentes a Ortiz Rubio y Abelardo, aunque el primero se le quiso voltear y lo quitó. Y, en resumidas cuentas, que era borrachín, mujeriego, represor, matón, tahúr y corrupto. Y para acabarla, sus impulsos neuróticos provocaron la guerra santa de los cristeros. Y basta por hoy...

Con Emilio Portes Gil pasa lo contrario que con Calles: los libros de texto casi ni lo mencionan, pudiendo decir que **nacido en Tamaulipas en 1891, estudió Leyes y se recibió, que se adhirió al** *maderismo* **en 1909 y estuvo de funcionario y diputado, hasta que en 1925 Calles lo designa Gobernador de su estado, para no darle el puesto a ningún militar. Ahí empieza a repartir algunas tierras y a hacer leyes a favor de los obreros. De ideas socialistas, Portes Gil es nombrado Presidente Interino a la muerte de Obregón. Sofocó la rebelión escobarista y le tocó firmar con el clero los acuerdos para clausurar la guerra cristera. En su contra hay que decir que reprimió feamente a los vasconcelistas. Sus afanes agraristas lo enfrentaron a Calles, quien optó por mandarlo de Ministro Plenipotenciario a Francia, en vez de fusilarlo.
Solo duró 2 años como Presidente.

Plutarco Elías Calles no era amigo de dialogar. Cuando lo hacían enojar tenía tremendas explosiones de furia que lo ponían frenético. En uno de esos arranques se encabronó feamente con los obispos y arzobispos y otras alimañas, porque se negaban a respetar la Constitución. Los curas adujeron que ellos sólo obedecían al Papa de Roma e iniciaron una campaña entre la grey católica pidiéndoles que no obedecieran las leyes y boicotearan todo lo del gobierno. Calles cerró todas las iglesias y corrió a los obispos y hasta se botó la puntada de "crear" una Iglesia Apostólica Mexicana. El Vaticano respondió ordenando que los católicos se levantaran en armas contra el "mal gobierno", y se soltó la famosa Guerra de los Cristeros al grito de "¡ Viva Cristo Rey !" (sin añadirle *de los judíos*, como era lo propio).

Mariana Yampolski

LA VERDADERA CAUSA DE LA CRISTIADA FUE LA DEFENSA DE LAS TIERRAS, HACIENDAS Y RIQUEZAS QUE LA IGLESIA HABÍA VUELTO A RECUPERAR CON DON PORFIRIO (DESPUÉS DE PERDERLAS CON JUÁREZ) Y QUE PELIGRABAN CON LA NUEVA CONSTITUCIÓN DEL 17...

**EL REPARTO DE TIERRAS** A LOS POBRES NO SE OPONE A LAS ENSEÑANZAS DE NUESTRO SEÑOR JESUCRISTO Y DE LA SANTA MADRE IGLESIA.

**EL PUEBLO MEXICANO PELEO Y SUFRIO DIEZ AÑOS QUERIENDO HALLAR LA PALABRA DE NUESTRO SEÑOR JESUCRISTO**

↑(curiosa propaganda del gobierno contra la Iglesia...) (CARDENISTA)

La guerra cristera se caracterizó por la crueldad mostrada por los dos bandos. Los cristeros fueron feroces con los federales y a la visconversa. Todos los muertos eran católicos (en los 2 bandos), pero Roma sólo hizo santos a los del bando cristero. (Así ha sido siempre, ni modo).
Los cristeros llegaron a tener como 50 mil elementos en pie de guerra (o de guerrilla mejor dicho), pero llegó un momento en que el país se cansó de tanto trajín y balazos (como ahora con la guerra vs. narcos ) y los obispos vaticanos firmaron la paz y dejaron colgados de la brocha a los ingenuos cristeros que dizque luchaban por la defensa de la fe, sin darse cuenta de que sólo estaban defendiendo a los aprovechados curas y obispos...

Con el Pelón Salinas la Iglesia tomaría venganza y volvería al poder, con los cambios que hizo a la Constitución, a cambio de reconocerlo como presidente.

Posada

155

ALBERTO BELTRAN: El cerro de "El Cubilete", comienzo de la agitación cristera. 11 de enero, 1923.

DA QUÉ PENSAR COMO, EN PLENO SIGLO XX, SIGUEN LAS LUCHAS ENTRE LIBERALES (de izquierda) y CONSERVADORES (de derecha) PARA IMPEDIR QUE EL CLERO SIGA DOMINANDO A LA GENTE POBRE E IGNORANTE DE ESTE JODIDO PAÍS...

J. Clemente Orozco

OBEDECE CIEGAMENTE A TU PATRÓN Y RESÍGNATE A TU POBREZA PARA QUE GANES EL CIELO Y LAS 50000 INDULGENCIAS... ADVENÍAT REGUM TUM TUM, DOMINUS VOBISCUM TUM PER SECULA SECULORUM TUM AMEN!

¡¡Alerta Trabajadores!! Detrás del Cura está el Rico que nos Explota

Y ESO LO TENÍA BIEN SABIDO EL GENERAL CÁRDENAS

AUNQUE ERA ATEO Y MASÓN, CÁRDENAS PREFERÍA EL DIÁLOGO, AL CONTRARIO DE SU PROTECTOR EL COMECURASCRUDOS, CALLES. EL GENERAL INDULTÓ A MÁS DE 10 MIL PRESOS (ALGUNOS CRISTEROS).

PRIMERO QUE CATÓLICOS, SOMOS MEXICANOS: NI YO ME METO CON LA IGLESIA, NI LA IGLESIA CONMIGO... ¿SALE?

CUANDO SE SUPO QUE LÁZARO CÁRDENAS HABÍA RECIBIDO EL VOBO DE CALLES PARA SER EL CANDIDATO DEL PRN, TODO MUNDO PENSÓ MAL...

POS SÍ: DECÍAN QUE IBA A SER OTRO TÍTERE DE CALLES, OTRO ABELARDO... →

( ABELARDO L. RODRÍGUEZ FUE NOMBRADO PRESIDENTE POR CALLES PARA SUSTITUIR AL RENUNCIADO ORTIZ RUBIO.)

PARA DEMOSTRAR SU INDEPENDENCIA DEL "JEFE MÁXIMO", CÁRDENAS HIZO UNA INSÓLITA CAMPAÑA ELECTORAL, PUEBLEANDO POR OAXACA, HIDALGO, QUERÉTARO, MORELOS, GUERRERO, SAN LUIS POTOSÍ, ZACATECAS, TABASCO, NUEVO LEÓN, TAMAULIPAS, COAHUILA, JALISCO, ETC, ETC.

¿CÓMO VA A SER EL CANDIDATO SI NO TRAE SÉQUITO, NI GUARDAESPALDAS, NI PRENSA...?

¡NI AVISÓ QUE VENÍA...!

PA'QUE ME CONOZCAN...

RECORRIÓ EN 7 MESES CASI 28 MIL KILÓMETROS, RATITOS EN TREN, RATITOS A CABALLO, A VECES EN AUTOMÓVIL Y DE REPENTE HASTA EN BARQUITOS.

Y PARA CONOCER DE CERCA LOS PROBLEMAS DEL PAÍS

...NADIE HABÍA HECHO NUNCA ESO: ¡HASTA HABLA CON LOS INDIOS DE LOS PUEBLITOS MÁS FURRIS!

ELEGIDO YA PRESIDENTE, CÁRDENAS SE DISPUSO A ENFRENTARSE A CALLES EN UNA CUESTIÓN FUNDAMENTAL: EL REPARTO DE TIERRAS...

Diego Rivera

TIERRA Y LIBERTAD

Uh: en 1930, Calles declaró que ya no había tierras que repartir...

Alberto Beltrán

Pos claro: quería proteger los grandes latifundios de sus cuates generales...

DURANTE EL GOBIERNO CARDENISTA (1934-40) SE REPARTIERON MÁS TIERRAS QUE EN TODOS LOS ANTERIORES: EL 10 POR CIENTO DE TODA LA SUPERFICIE DEL PAÍS QUEDÓ EN MANOS DE MÁS DE 800 MIL CAMPESINOS.

159

\* DIJIMOS MAL HACE RATO, QUE EL REPARTO DE TIERRAS LLEVADO A CABO POR CÁRDENAS ERA PARA ENFRENTARSE A CALLES. → EN PARTE LO HIZO POR ESO, PERO POR ENCIMA DE ESO ESTABA EL DAR CUMPLIMIENTO A LOS RECLAMOS QUE VENÍAN DESDE LA COLONIA, DESDE EL GRITO DE HIDALGO, DESDE MORELOS, DESDE JUÁREZ Y LOS LIBERALES, DESDE FLORES MAGÓN Y ZAPATA Y VILLA: **LA TIERRA ES DEL QUE LA TRABAJA !**

Leopoldo Méndez

(Y POR SUPUESTO QUE SE ENCABRONÓ CALLES...)

García Cabral

...Y EL CLERO Y LOS HACENDADOS Y LATIFUNDISTAS, QUE PENSABAN QUE YA SE HABÍA "ACABADO" LA REVOLUCIÓN... ¡NO CONTABAN CON CÁRDENAS !

José Narro

TENIAN RAZÓN LOS CONSERVADORES EN ESTAR ENOJADOS:

¡Hasta que pusieron uno que se acordara de los **pobres**!

¡HASTA **RESUMIR** LA LABOR DEL GRAL. CÁRDENAS CUESTA TRABAJO!

A LA MEJOR POR ESO *CASI* NI HABLAMOS EN LOS LIBROS DE TEXTO DE SUS ACTOS DE GOBIERNO...

**Éstas son <u>algunas</u> de las obras de gobierno que llevó a cabo don Lázaro en su sexenio:**

....en 1929 ya había dicho que *"en este país no habrá paz y no dejará de correr la sangre, mientras no se resuelva la cuestión de la tierra"*. Por eso dedicó todos sus esfuerzos a llevar a cabo una REFORMA AGRARIA integral, que no sólo consistía en repartir la tierra, sino también incluía REFACCIONAR CON DINERO A LOS CAMPESINOS, DARLES AGUA, DARLES NOCIONES DE CUIDADO DE LOS BOSQUES, UNIRLOS ENTRE SÍ PARA QUE PUDIERAN DEFENDERSE DE LAS GUARDIAS BLANCAS. Para ello creó el Banco de Crédito Ejidal, cientos de ESCUELAS EJIIDALES, NORMALES RURALES, LA UNIVERSIDAD AGRÓNOMA DE CHAPINGO. Y algo muy interesante: las MISIONES CULTURALES que recorrían rancherías y pueblitos, formadas por un médico, un ingeniero agrícola y un maestro impartiendo nociones de higiene, salud y educación básica.
La respuesta de los latifundistas, hacendados y párrocos fue ejemplar: cuando no los corrían, los desorejaban... ¡No querían perder sus privilegios!

Diego Rivera

ESCUELA EJIDAL

Y EN ALGUNOS CASOS, LES DIO ARMAS A LOS CAMPESINOS PARA DEFENDERSE

# MAESTRO TU ESTAS
# SOLO CONTRA:

UNA DE SUS PRIMERAS MEDIDAS FUE HACER QUE LOS MAESTROS TUVIERAN UN SUELDO DECOROSO Y UNA BUENA PREPARACIÓN.

- LAS GUARDIAS BLANCAS ASESINAS
- LOS IGNORANTES AZUZADOS POR LOS RICOS
- LA CALUMNIA QUE ENVENENA Y ROMPE TUS RELACIONES CON EL PUEBLO

**Los campesinos no sólo querían tierra y agua. Pedían también EDUCACIÓN.**

Después de la Reforma Agraria, vino la EDUCACIÓN. Lo primero fue reformar el artículo Tercero para llevar a cabo *"una educación socialista, laica, desfanatizadora y racional"*. Hizo escuelas por todas partes, reformó las Universidades públicas (no había particulares, ni "patito")fundó el POLITÉCNICO, la UNIVERSIDAD OBRERA, escuelas de Artes y Oficios, promovió que desde la primaria se diera educación sexual, fundó las Escuelas Hijos del Ejército y las Normales Rurales, creó el de Investigaciones y Sociales. Los resultados fueron impresionantes: el analfabetismo bajó del 58% al 33.4 por ciento, se levantaron más de MIL escuelas (mixtas, qué horror) y aumentó en más de 700 mil el alumnado, mientras el número de maestros en más de 40 mil.

(EN AQUELLAS NORMALES LOS PROFES RECIBÍAN EDUCACIÓN POLÍTICA. HOY SE EDUCAN CON TELEVISA...)

### La cuestión obrera y el nacimiento de la CTM.

Con Cárdenas florecieron los sindicatos... y las huelgas, que habían sido prohibidas por los anteriores gobiernos. Cárdenas restableció ese DERECHO, lo que disgustó en serio a los empresarios (sobre todo de Monterrey). Don Lázaro se apersonó ante ellos y les dijo que *"si no estaban contentos con sus fábricas, que se las dejaran a los obreros..."* creó además la CTM para unir a los sindicatos, que originalmente era dirigida por Lombardo Toledano, pero cayó luego en manos de Fidel Velázquez... y se jodió el movimiento obrero. Otras medidas fueron establecer el SALARIO MÍNIMO, la jornada laboral de 8 horas , las COOPERATIVAS, etc. También se debe a Cárdenas la COMISIÓN FEDERAL DE ELECTRICIDAD, LOS TALLERES GRÁFICOS DE LA NACIÓN y falta decir que dejó las bases y estudios para el IMSS.

---

Calles había fundado el PRI (con otro nombre: Partido Nacional Revolucionario), para integrar en uno solo los más de 40 partiditos que había. Cárdenas lo **cambió** dándole otro nombre (Partido Revolucionario Mexicano: **PRM**) sumándole todos los sectores de la sociedad mexicana (Obrero, Campesino, Militar y Popular). En este último, como en cajón de sastre, entraban burócratas, pequeños comerciantes, profesionistas, etc. Para que no atacaran al PRM de "partido único", permitió la militancia del Partido Comunista y de dos organizaciones de la derecha conservadora: la Unión Nacional Sinarquista y el PAN, que nacieron expresamente para combatir al cardenismo.

No había cultura democrática, las elecciones eran una broma y los comicios se resolvían a balazos. El PRM sobrevivió hasta 1946, cuando Alemán lo convirtió en *PRI...y como quien dice, SE AMOLÓ LA POBRE DEMOCRACIA...*

OTRA COSA: PERMITIÓ QUE FUNCIONARA EL PARTIDO COMUNISTA...

► **OTRA GRAN COSA HECHA POR CÁRDENAS:** <u>corrió a Calles</u> que se creía el Jefe Máximo.

► Otra más: prohibió los **CASINOS** y cerró un chingo de **CANTINAS**.

### MÁS COSITAS QUE HIZO CÁRDENAS :

► Se mudó del imperial Castillo de Chapultepec al entonces modesto **LOS PINOS.**
►Nacionalizó los Ferrocarriles e hizo el Ferrocarril del Sureste.
►Creó el **Depto. de Asuntos Indígenas,** que luego se convirtió en el **Instituto Nacional Indigenista,** para ayudar a los abandonados indios.
►Permitió y toleró la **libertad de prensa.**
► **Promovió el cine nacional.** Algunas de las mejores películas mexicanas que se han hecho en toda su historia, fueron hechas en ese sexenio. Además, decretó que todos los cines estaban obligados a exhibir al menos **una película nacional al mes.**
► PROMOVIÓ Y SE DISCUTIÓ EN EL CONGRESO (y fue aprobado) **EL VOTO FEMENINO.** (No logré averiguar por qué no se puso en práctica...)

Alberto Beltrán

POS LOS MACHOS NOS OPUSIMOS... Y HASTA RUIZ CORTINES SE LES DIO EL VOTO A LAS VIEJAS...

¡VIVA MI GENERAL JOLINES!

► En **política exterior:** condenó la ocupación de Austria (por Hitler) y la de Etiopía ( por Mussolini), así como la ayuda que dio ese par de cabrones a Franco en la Guerra Civil de España. A la derrota de la República, fue el único país (junto con la URSS) que recibió refugiados republicanos españoles. Primero recibió a más de 500 niños huérfanos o casi, que fueron ubicados entre familias mexicanas o gachupinas, y en un internado en Morelia. El total de refugiados españoles ascendió a 30 mil, muchos de ellos profesores, catedráticos universitarios, escritores, pintores, gente de teatro, etc. Que llegaron a reforzar nuestra vida cultural empobrecida por la lucha armada de tantos años.

quizás lo más importante del sexenio cardenista fue
**LA EXPROPIACIÓN PETROLERA** que muchos consideran — con razón— la
*segunda independencia de México, ya que con el petróleo se pudo*
*hacer progresar al país e industrializarlo debidamente.*

ADEMÁS, LA EXPROPIACIÓN <u>UNIFICÓ</u> A TODO EL PAIS EN APOYO AL GOBIERNO (¡ <u>HASTA</u> LA IGLESIA JALÓ PAREJO!). SE PUEDE DECIR QUE TODOS LOS MEXICANOS APORTAMOS ALGO PARA PAGARLES A LAS COMPAÑÍAS LA INDEMNIZACIÓN QUE PEDIAN, DIZQUE POR HABERLES QUITADO "SUS" CONCESIONES...

...Y QUE AHORA LOS CONSERVADORES Y P▮▮▮▮ PANISTAS LES QUIEREN DEVOLVER...

Germán Malvido

18 de Marzo 1938

ESSO STANDARD OIL

CÁRDENAS - HAY QUE DECIRLO - _CONTROLÓ A LOS MILITARES,_ Y LO HIZO SIN RECURRIR NI A LA VIOLENCIA NI A LA CORRUPCIÓN... ¡ NI ROBÓ, NI DEJÓ ROBAR !

¡ POS QUÉ REVOLUCIONARIO TAN RARO !

SEA UD. BREVE

Andrés Audiffred

> Antes de iniciar su gobierno les dijo a sus amigos: _Mi gobierno va a ser un gobierno de amigos, no PARA los amigos._ Si bien cayó a veces en el nepotismo, dándoles trabajo a algunos parientes, impidió que se enriquecieran. **Y COMO EXTRAÑÍSIMO CASO EN LA VIDA POLÍTICA NACIONAL, CONTRARIO A LOS CORRUPTOS GOBIERNOS ANTERIORES, EL PRESIDENTE LÁZARO CÁRDENAS DEL RÍO DEJÓ EL PODER SIN HABERSE VUELTO RICO.** **Su gobierno fue ejemplo de honestidad y trabajo.**

¡ POS QUE MAL EJEMPLO !

PRIAN

HASTA EN EL **PRI** SE HAN OLVIDADO DE LÁZARO CÁRDENAS...

COMO QUE LES DA VERGÜENZA QUE HAYA HABIDO UN PRESIDENTE HONRADO Y DE IZQUIERDA, SALIDO DE LAS FILAS PRIISTAS

¡ POR FORTUNA AQUÍ YA HICIMOS LA NUESTRA !

Abel Quezada

166

Y AUNQUE LOS MEDIOS DE COMUNICACIÓN -COMO SIEMPRE EN PODER DE LOS CON$ERVADORES- SIGAN HABLANDO MAL DE ÉL, EN EL RECUERDO DEL PUEBLO MEXICANO SÓLO HA HABIDO UN PRESIDENTE QUE GOBERNÓ PARA LOS POBRES Y PARA LOS INDIOS DE ESTE PAÍS:

EL TATA LÁZARO CÁRDENAS

SOSPECHO QUE NO LO VAN A INCLUIR EN LAS "FIESTAS" DEL PINCHE BICENTENARIO...

KELLY

167

¿CÓMO VAN A QUERER RECORDARLO Y FESTEJARLO, SI DESDE QUE DEJÓ EL PODER EN 1940 HICIERON TODO LO POSIBLE POR ENTERRAR SU OBRA...?

A PARTIR DE ÁVILA CAMACHO, SE "OLVIDARON" DE PROSEGUIR LOS PROGRAMAS CARDENISTAS: SE FRENÓ LA REFORMA AGRARIA, LA EDUCACIÓN POPULAR, EL APOYO A LOS INDÍGENAS Y TODO LO QUE OLIERA A IZQUIERDA...

Bartoli

Cuando llegó al poder Miguel Alemán y sus 40 ladrones, el historiador DANIEL COSÍO VILLEGAS anunció en un artículo que la Revolución mexicana había muerto... (1946)

¿Será que ese mismo año nació el PRI...?

1929 = PNR
1934 = PRM
1946 = PRI
2006 = PRIAN

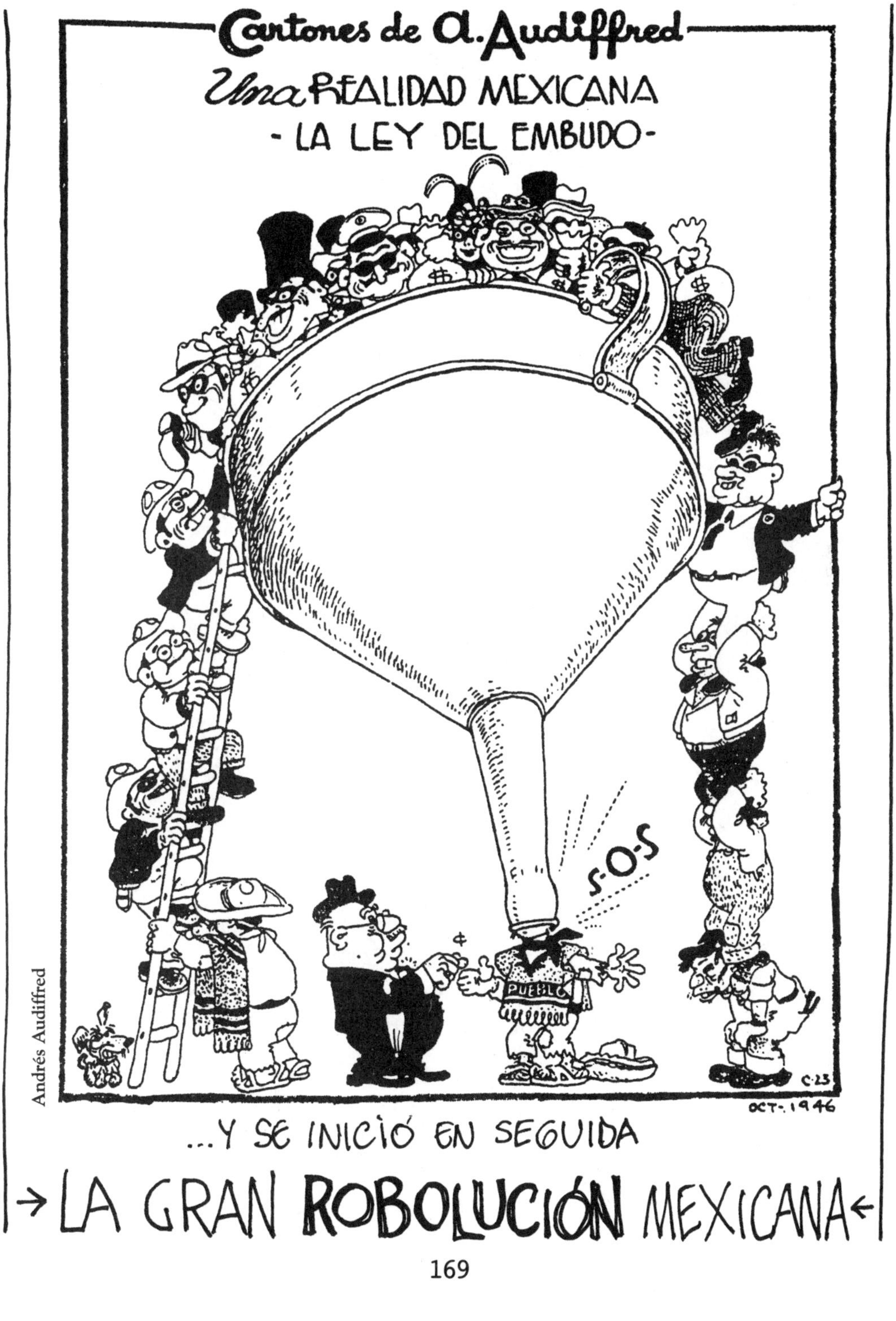

Cartones de A. Audiffred
Una REALIDAD MEXICANA
- LA LEY DEL EMBUDO -
S-O-S
PUEBLO
C-23
OCT.-1946
...Y SE INICIÓ EN SEGUIDA
→LA GRAN ROBOLUCIÓN MEXICANA←


Andrés Audiffred

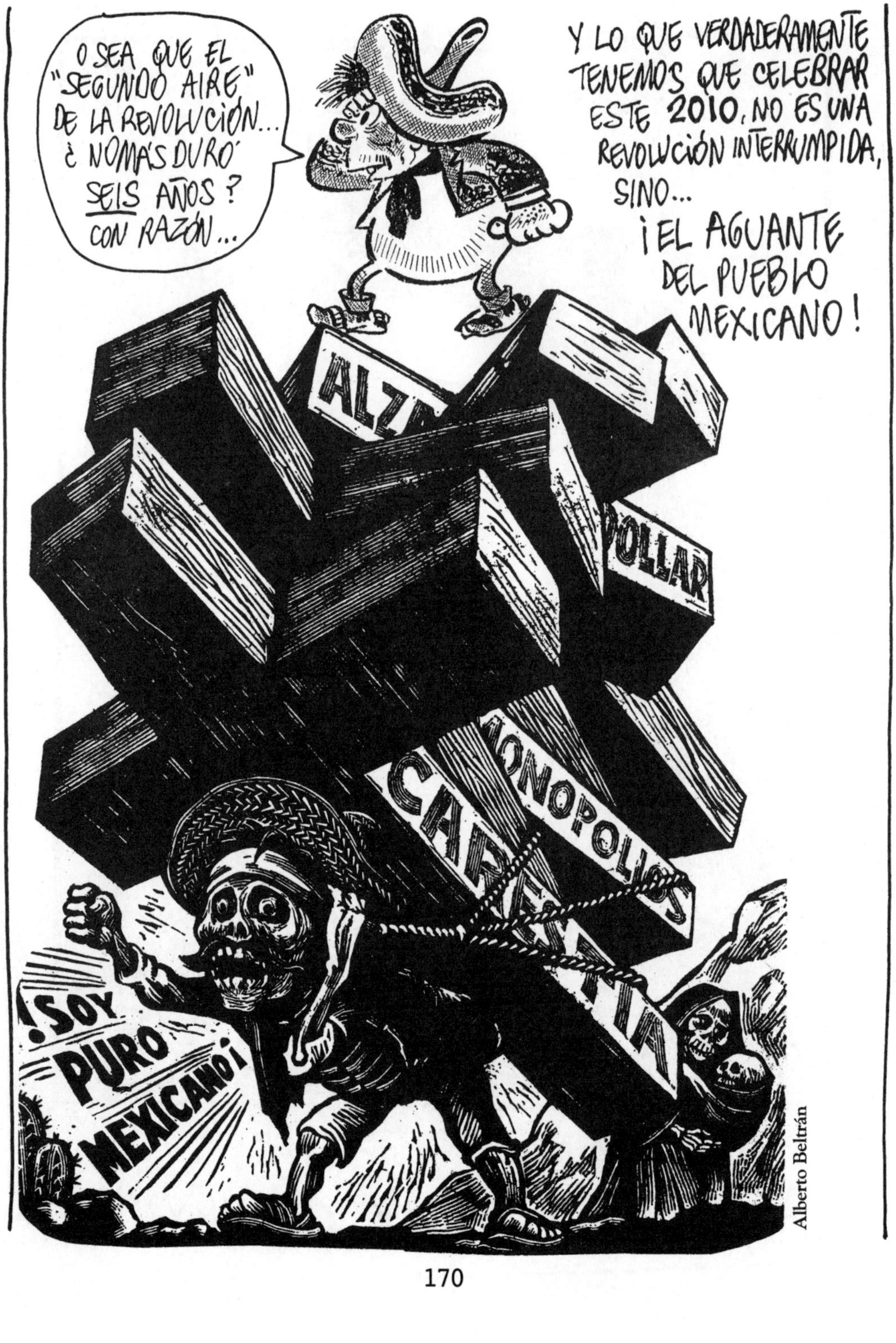
O SEA QUE EL "SEGUNDO AIRE" DE LA REVOLUCIÓN... ¿NOMÁS DURÓ SEIS AÑOS? CON RAZÓN...
Y LO QUE VERDADERAMENTE TENEMOS QUE CELEBRAR ESTE 2010, NO ES UNA REVOLUCIÓN INTERRUMPIDA, SINO...
¡EL AGUANTE DEL PUEBLO MEXICANO!
ALZ
DOLLAR
MONOPOLIOS
CARESTIA
!SOY PURO MEXICANO¡
Alberto Beltrán

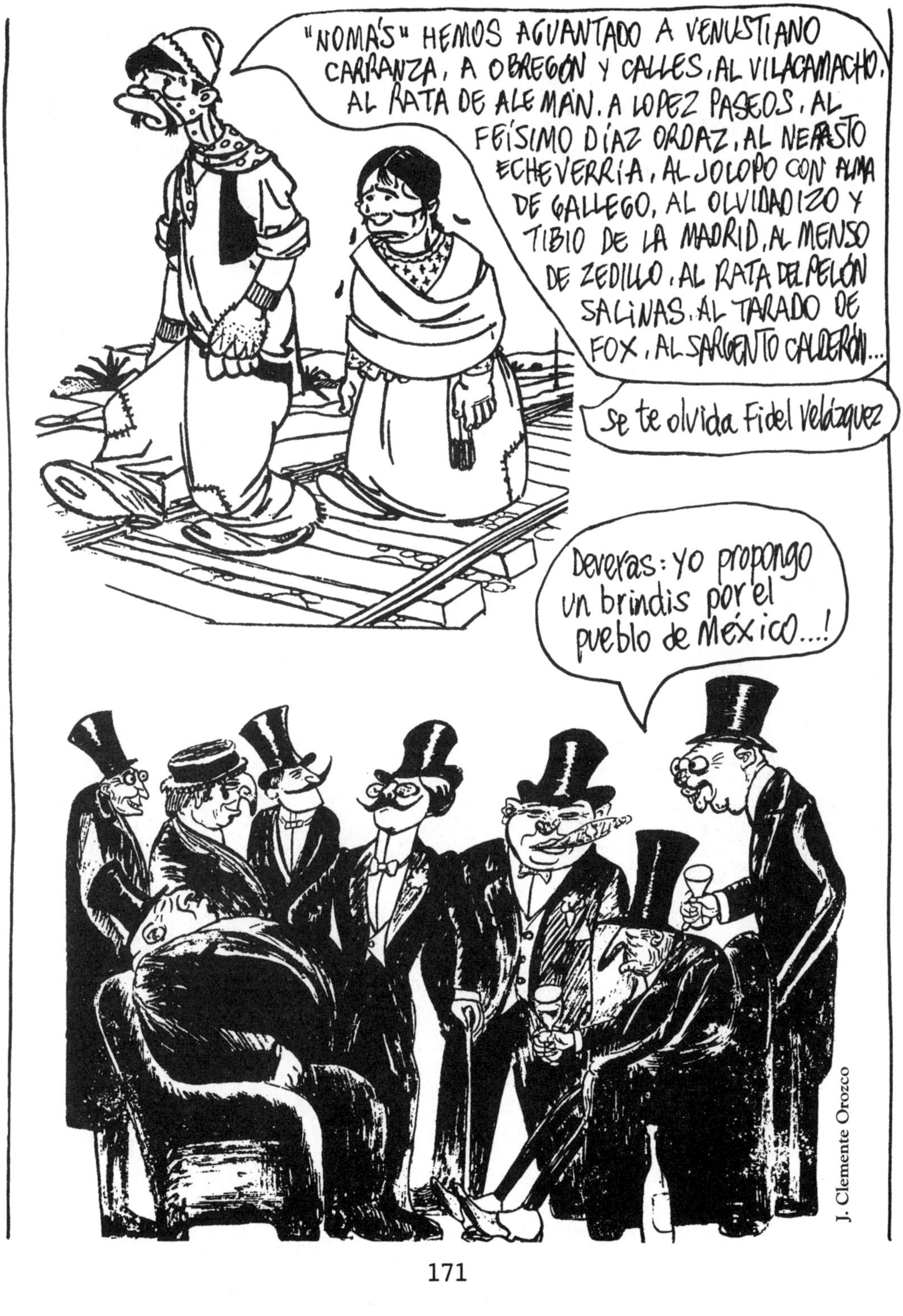
"NOMÁS" HEMOS AGUANTADO A VENUSTIANO CARRANZA, A OBREGÓN Y CALLES, AL VILACAMACHO, AL RATA DE ALEMÁN, A LOPEZ PASEOS, AL FEÍSIMO DÍAZ ORDAZ, AL NEFASTO ECHEVERRÍA, AL JOLOPO CON ALMA DE GALLEGO, AL OLVIDADIZO Y TIBIO DE LA MADRID, AL MENSO DE ZEDILLO, AL RATA DEL PELÓN SALINAS, AL TARADO DE FOX, AL SARGENTO CALDERÓN...
Se te olvida Fidel Velázquez
Deveras: yo propongo un brindis por el pueblo de México...!
J. Clemente Orozco

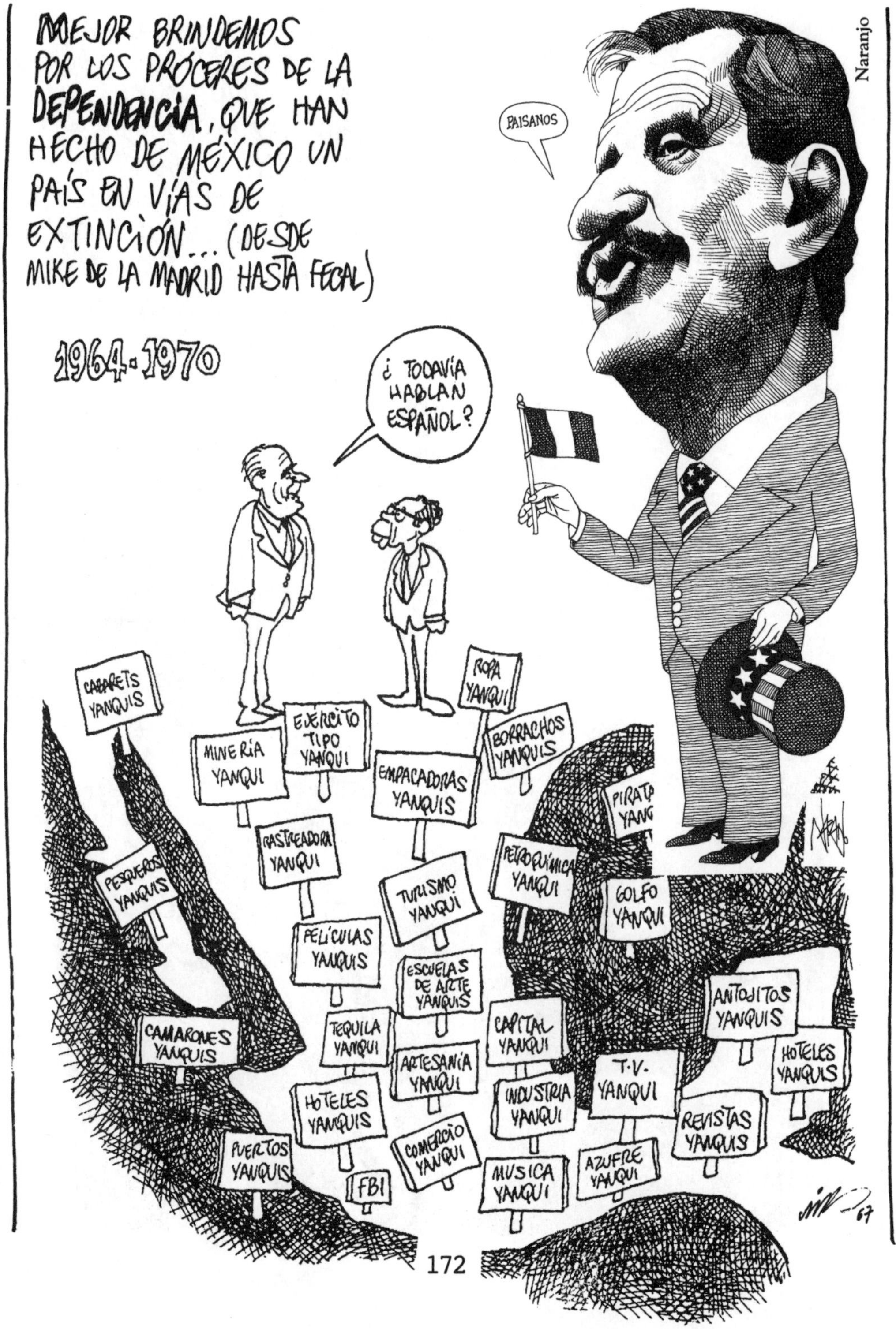
MEJOR BRINDEMOS POR LOS PRÓCERES DE LA DEPENDENCIA, QUE HAN HECHO DE MÉXICO UN PAÍS EN VÍAS DE EXTINCIÓN... (DESDE MIKE DE LA MADRID HASTA FECAL)
1964-1970
PAISANOS
¿TODAVÍA HABLAN ESPAÑOL?
CABARETS YANQUIS
MINERÍA YANQUI
EJERCITO TIPO YANQUI
ROPA YANQUI
BORRACHOS YANQUIS
EMPACADORAS YANQUIS
PIRATA YANQ
RASTREADORA YANQUI
PESQUEROS YANQUIS
PETROQUÍMICA YANQUI
TURISMO YANQUI
GOLFO YANQUI
PELÍCULAS YANQUIS
ESCUELAS DE ARTE YANQUIS
ANTOJITOS YANQUIS
CAMARONES YANQUIS
TEQUILA YANQUI
CAPITAL YANQUI
HOTELES YANQUIS
ARTESANÍA YANQUI
T.V. YANQUI
HOTELES YANQUIS
INDUSTRIA YANQUI
REVISTAS YANQUIS
PUERTOS YANQUIS
COMERCIO YANQUI
AZUFRE YANQUI
MUSICA YANQUI
FBI
Naranjo

# La guerra y la paz
Por Rius

**ABRIL de 1914**

LOS NORTEAMERICANOS INVADEN MÉXICO POR VERACRUZ...

¡ DEVERAS QUE SOMOS AGACHADOS LOS MEXICANOS, "FESTEJANDO" COMO SI NADA LA "INDEPENDENCIA" QUE NO TENEMOS...!

173

DICEN POR AHI QUE **NO HAY MAL** QUE DURE CIEN AÑOS, NI PUEBLO QUE LO RESISTA... ¿NO? ¿Y DÓNDE DEJAN AL PUEBLO MEXICANO...?

PRIMERO, HEMOS AGUANTADO A LOS PRESIDENTES GENERALES, BRUTOS Y RATEROS...

LUEGO, A LOS PRESIDENTES LICENCIADOS, RE BUENOS Y PREPARADOS, PERO PA' ROBAR...

LUEGO NOS CAYERON LOS TECNÓCRATAS NEOLIBERALES, ROBADORES Y VENDEPATRIAS...

...Y PARA COMPLETAR LA CENTENITA, ¿QUÉ TAL LOS EMPRESARIOS PERSIGNADOS QUE ROBAN CON BENDICIÓN APOSTÓLICA?

Pablo O'Higgins

YO PROPONGO MEJOR UN BRINDIS: "QUE ALGÚN DÍA PODAMOS INDEPENDIZARNOS DE LA INEPTA CLASE POLÍTICA (Y ECLESIÁSTICA) QUE EN CIEN AÑOS **NO** SE HA CANSADO DE ROBARNOS..."

SÓLO PONIENDO EN PRÁCTICA LA MEXICANA FILOSOFÍA DEL **SUPOSITORIO** SEREMOS CAPACES DE AGUANTAR LOS FESTEJOS Y CELEBRACIONES QUE HAN PREPARADO (CON NUESTROS CRECIENTES IMPUESTOS) LOS ÍNCLITOS (E INCAPACES) CONSERVADORES Q. NOS GOBIERNAN (SE SUPONE)

UNA MULITA... ¿ME DA UN PESO PARA UN TACO?

¿NO SE CONFORMAN CON LA LIMOSNA DE "OPORTUNIDADES"?

Alberto Beltrán

¡SÓLO ASÍ FESTEJAREMOS <u>TODOS</u> LOS MEXICANOS EL BICENTENARIO: RICOS Y POBRES, CULTOS E IGNORANTES, BLANCOS, PRIETOS Y CAFÉ CON LECHE, IZQUIERDOSOS Y DERECHOSOS, LOS DE ARRIBA, DE ENMEDIO Y DE HASTA ATRÁS... TODOS! (¿hasta los indios...?)

¿VAN A INVITAR A LOS **INDIOS** A LA FIESTA? ¡QUÉ HORROR!

PERO SI YA NO QUEDAN INDIOS...

YO NOMÁS CONOZCO A LOS INDIOS DE CLEVELAND Y LOS DE CIUDAD JUÁREZ...

¿...Y A SALINAS DE GORTARI...? POR SUPUESTO...

Alberto Beltrán

NO, SEÑORAS Y SEÑORES: SE SUPONE QUE TODAVÍA NOS QUEDAN VARIOS MILLONES DE INDIOS, QUE LA REVOLUCIÓN Y LOS GOBIERNOS ÍDEM <u>YA</u> SACARON DE LA MISERIA Y EL ABANDONO... (SE SUPONE, PUES...)

MEXICAN CURIOS

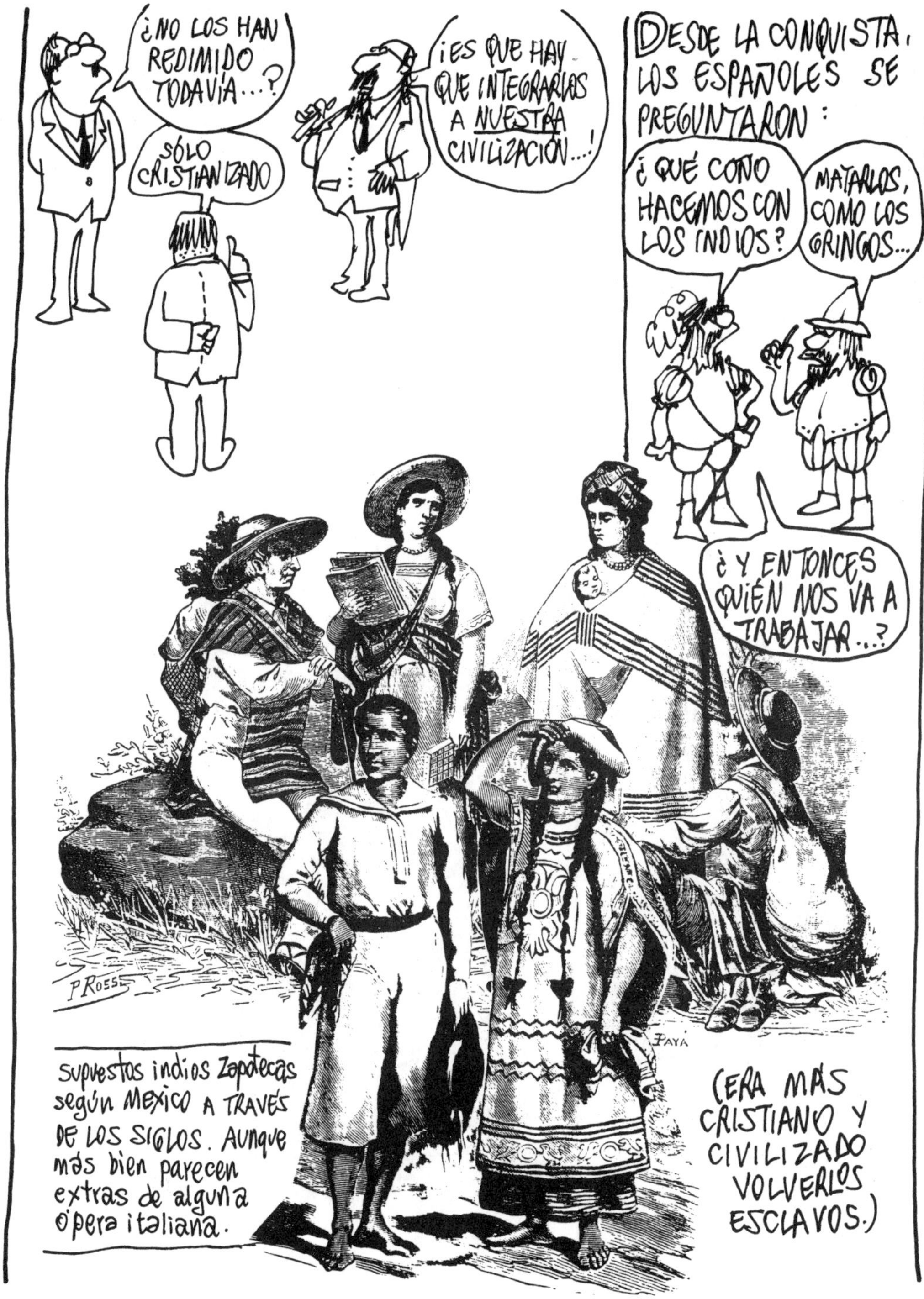

¿NO LOS HAN REDIMIDO TODAVÍA...?
SÓLO CRISTIANIZADO
¡ES QUE HAY QUE INTEGRARLOS A NUESTRA CIVILIZACIÓN...!
DESDE LA CONQUISTA, LOS ESPAÑOLES SE PREGUNTARON:
¿QUÉ COÑO HACEMOS CON LOS INDIOS?
MATARLOS, COMO LOS GRINGOS...
¿Y ENTONCES QUIÉN NOS VA A TRABAJAR...?
supuestos indios Zapotecas según MÉXICO A TRAVÉS DE LOS SIGLOS. Aunque más bien parecen extras de alguna ópera italiana.
(ERA MÁS CRISTIANO Y CIVILIZADO VOLVERLOS ESCLAVOS.)

EN LA COLONIA, SE PROHIBIÓ A LOS PUEBLOS INDIOS SEGUIR CULTIVANDO SU MÚSICA, SUS BAILES, SU TEATRO... Y HASTA SE LES PROHIBIÓ EL USO DE LOS INSTRUMENTOS MUSICALES AUTÓCTONOS.

↓

SOLO HASTA 1553, EL PAPA BONIFACIO III (¿ O FUE PABLO III ?) RECONOCIÓ QUE LOS INDIOS ERAN SERES RACIONALES Y NO ANIMALES, DE UNA ESPECIE DESCONOCIDA PARA LOS EUROPEOS.

↓

SIN EMBARGO, SE LES SIGUIÓ PROHIBIENDO TENER CABALLOS Y ARMAS, VESTIR COMO LOS AMOS GALLEGOS, PERO SÍ SE LES OBLIGÓ A PAGAR TRIBUTOS (Y DIEZMOS AL CLERO).

¿Y LAS TIERRAS, QUÉ?

PUES DEJÁDSELAS, DON MENDO: NI USTED NI YO VENIMOS A AMÉRICA A TRABAJAR LA TIERRA...

CURIOSAMENTE, NO LES QUITARON SUS TIERRAS A LOS PUEBLOS INDIOS, QUE LAS FUERON PERDIENDO POCO A POCO ANTE EL AVANCE DE LA GANADERÍA (prohibida para LOS INDIOS), DE LAS HACIENDAS Y DE LOS LATIFUNDIOS, TANTO DEL CLERO COMO DE LOS "CIVILES"...

Qué gachos los gachupas: quieren quesque toquemos pura pinche rondalla.

¡ PERO TENEMOS QUE SEGUIR EXPLICANDO LO DE LA TIERRA !

Narro

YA PARA LOS TIEMPOS DE LA REFORMA, LOS PUEBLOS INDIOS HABÍAN SIDO DESPOJADOS DE CASI TODAS SUS TIERRAS, EN PARTE POR LAS EQUIVOCADAS LEYES DE LOS LIBERALES... (ver pág. 128)

KELLY

"Hay que sacar a la familia indígena de su postración moral, de la superstición, de la abyección mental, de la ignorancia..."

Y ES QUE JUÁREZ, EL INDIO QUE NO QUISO SEGUIR SIÉNDOLO, ERA DE LA IDEA DE "BLANQUEAR" AL INDIO, DE EDUCARLOS SIGUIENDO LAS NORMAS OCCIDENTALES... Y SOBRE TODO DE HACERLOS ABANDONAR LA PROPIEDAD COMUNAL DE SUS TIERRAS... ¡SÓLO ASÍ PUEDEN **DEJAR DE SER INDIOS**! declaró.

Covarrubias

179

¿CÓMO LE SUENA
A USTED?
→ VOLVER AL INDIO
CIUDADANO MEXICANO,
QUE VISTA COMO LOS
DEMÁS MEXICANOS,
QUE VUELVA PRODUCTIVO
SU PEDAZO DE TIERRA DE
SU PROPIEDAD... ¡QUE
DEJE DE SER INDIO Y
SE VUELVA MEXICANO...!

PERO SI NOSOTROS
LOS INDIOS SOMOS MAYORÍA
(SIGLO XIX), ¿POR QUÉ NO
SE VUELVEN ELLOS COMO
NOSOTROS?

KELLY

CON DON PORFIRIO FUE
PEOR → SE TRATÓ DE
OBLIGARLOS A HABLAR
EN CASTILLA, DE
PROHIBIR SU PULQUE Y
DE METERLOS POR LA
FUERZA AL EJÉRCITO...

el cuartel
civiliza al
indio...

véanme
a mí

CASA DE ENGANCHES

Contratas
Volunta
rios

Contratas
Voluntā
rios

POSADA

TODO ESO Y OTRAS BARBARIDADES POR EL ESTILO, PROVOCARON LEVANTAMIENTOS Y GUERRAS (LA DE CASTAS EN YUCATÁN, EN 1848), Y LA HUIDA DE MUCHOS PUEBLOS HACIA LAS ZONAS MONTAÑOSAS...

PARA LOS LIBERALES, EL PROGRESO SÓLO ERA POSIBLE POR LA PROPIEDAD PRIVADA...SIN CONSIDERAR QUE LOS INDIOS HAN VIVIDO SIEMPRE EN **COMUNIDAD**

Diego Rivera

¿Por qué no nos dejan ser como somos?

"Indio es quien vive en una comunidad indígena, y una comunidad indígena es un todo integral en que el hombre y la tierra se complementan. Cuando se les convierte en mestizos, la comunidad indígena se extingue como institución, se desorganiza y el indio que en ella vive pasa a la categoría de descastado...¡ Deja de ser indio y se transforma en un "mestindio!"

← Texto de Gonzalo Aguirre Beltrán.

181

SE PUEDE AFIRMAR QUE EN EL SIGLO XX, DESPUÉS QUE TERMINÓ LA LUCHA ARMADA, LA INMENSA MAYORÍA DE LOS MEXICANOS ERAN **MESTINDIOS**: INDIOS QUE HABÍAN SIDO LLEVADOS A TRABAJAR EN LAS HACIENDAS (Y DESPUÉS EN LAS CIUDADES Y PUEBLOS "GRANDES"...) MIENTRAS LOS **INDIOS-INDIOS** PERMANECÍAN EN SUS COMUNIDADES TRATANDO DE SOBREVIVIR...

Pablo O'Higgins

¡...somos el mero pueblo! LOS POBRES.

→ AUNQUE MUCHOS, POR SU TRABAJO, LLEGAN A "SUBIR" A LA CLASE MEDIA, LA MAYORÍA SE QUEDAN DE "POBRES" TODA LA VIDA, POR LA PÉSIMA EDUCACIÓN QUE HAY POR ACÁ... (GRACIAS A LA SEP).

CHAVEZ MORADO

→ Y AUN ASÍ, CON TODO Y REVOLUCIÓN QUE REVOLVIÓ MÁS EL MESTIZAJE, EN 1940 SE CONTABAN EN MÁS DE **6 MILLONES** LOS INDIOS-INDIOS, QUE HOY EN DÍA SUMAN **10.5 MILLONES.**

Audiffred

YO NO SOY INDIA, PUES... ¡ME LLAMO GLADYS RUBÍS!

( <u>INDIO</u> ES EL QUE PERTENECE A UNA COMUNIDAD INDÍGENA Y SE SIENTE COMO INDÍGENA )

¿ENTONCES LA INDIA MARÍA **NO** ES INDIA?

**A** PARTIR DE CÁRDENAS SE CREÓ EL <u>INDIGENISMO</u>, QUE EMPEZÓ POR RESTITUIR A LAS COMUNIDADES LA TIERRA QUE LES HABÍAN ROBADO LOS HACENDADOS... PERO TAMBIÉN ECHÓ A ANDAR UNA POLÍTICA INDIGENISTA PARA <u>MEJORAR</u> LA CALIDAD DE VIDA DEL INDIO CON PROGRAMAS DE EDUCACIÓN, HIGIENE, ELECTRIFICACIÓN Y CAMINOS... (entre otros).

**PERO** (EN MÉXICO SIEMPRE SOBRAN LOS "PEROS") DESPUÉS DE CÁRDENAS EL INDIGENISMO SE BUROCRATIZÓ Y LOS BURÓCRATAS Y POLÍTICOS DESPLAZARON A LOS ANTROPÓLOGOS, CUYA AUTORIDAD SE SUPONÍA DEBÍA SER SUPERIOR A LOS BURÓCRATAS Y POLÍTICOS. → EL INSTITUTO NACIONAL INDIGENISTA VALIÓ GORRO ←

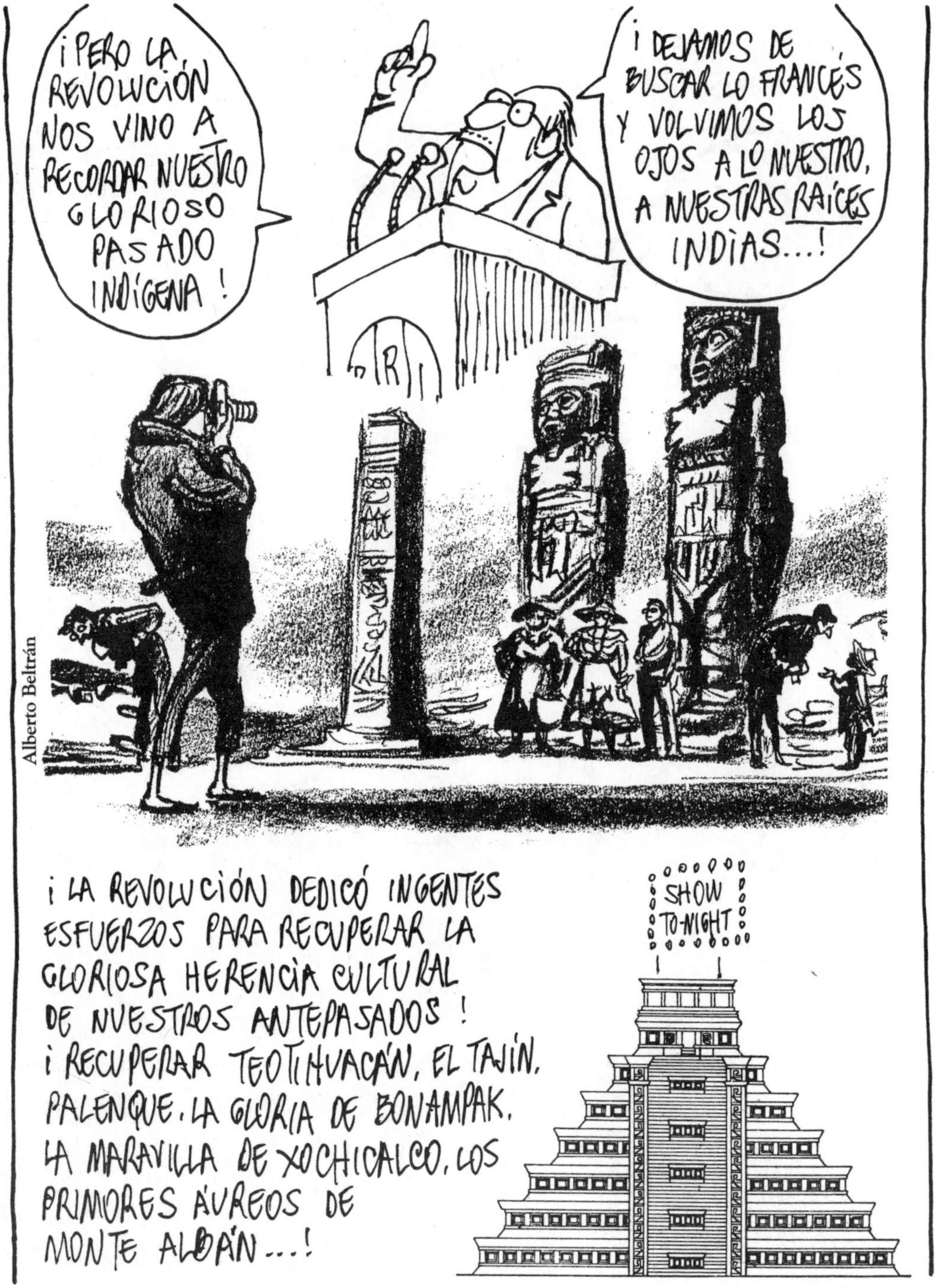
¡PERO LA REVOLUCIÓN NOS VINO A RECORDAR NUESTRO GLORIOSO PASADO INDÍGENA!
¡DEJAMOS DE BUSCAR LO FRANCÉS Y VOLVIMOS LOS OJOS A LO NUESTRO, A NUESTRAS RAÍCES INDIAS...!
Alberto Beltrán
¡LA REVOLUCIÓN DEDICÓ INGENTES ESFUERZOS PARA RECUPERAR LA GLORIOSA HERENCIA CULTURAL DE NUESTROS ANTEPASADOS! ¡RECUPERAR TEOTIHUACÁN, EL TAJÍN, PALENQUE, LA GLORIA DE BONAMPAK, LA MARAVILLA DE XOCHICALCO, LOS PRIMORES ÁUREOS DE MONTE ALBÁN...!
SHOW TO-NIGHT

¡LA REVOLUCIÓN MEXICANA NOS HIZO SENTIRNOS ORGULLOSOS DE NUESTRO GLORIOSO PASADO, DE LO QUE NOS LEGARON LOS MAYAS Y TOLTECAS, LOS CONSTRUCTORES DE PIRÁMIDES SIN PARALELO, QUE SE RESUCITABAN EN BENEFICIO DE LOS MEXICANOS Y PARA MARAVILLAR AL MUNDO ENTERO!

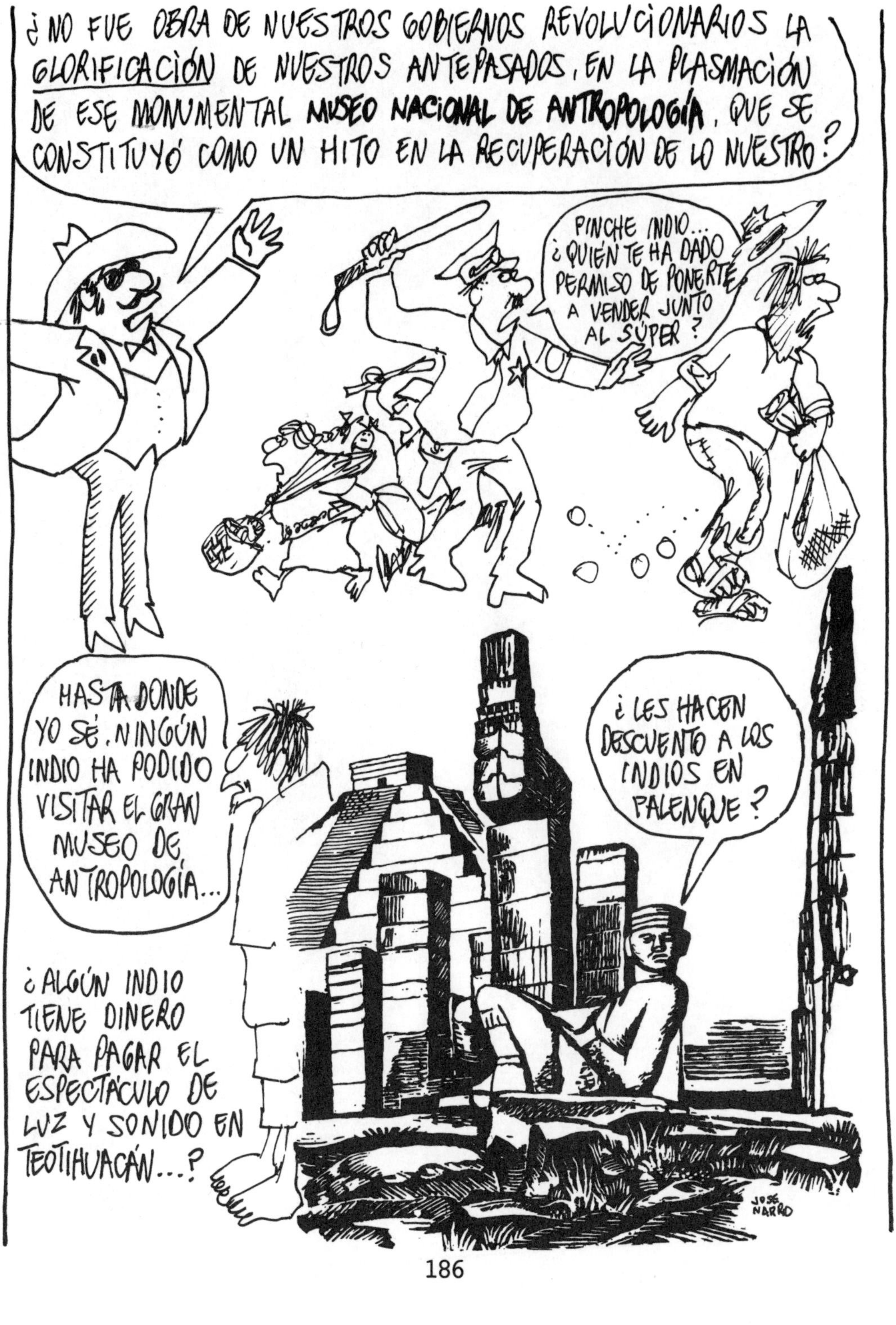
¿NO FUE OBRA DE NUESTROS GOBIERNOS REVOLUCIONARIOS LA GLORIFICACIÓN DE NUESTROS ANTEPASADOS, EN LA PLASMACIÓN DE ESE MONUMENTAL MUSEO NACIONAL DE ANTROPOLOGÍA, QUE SE CONSTITUYÓ COMO UN HITO EN LA RECUPERACIÓN DE LO NUESTRO?
PINCHE INDIO... ¿QUIÉN TE HA DADO PERMISO DE PONERTE A VENDER JUNTO AL SÚPER?
HASTA DONDE YO SÉ, NINGÚN INDIO HA PODIDO VISITAR EL GRAN MUSEO DE ANTROPOLOGÍA...
¿LES HACEN DESCUENTO A LOS INDIOS EN PALENQUE?
¿ALGÚN INDIO TIENE DINERO PARA PAGAR EL ESPECTÁCULO DE LUZ Y SONIDO EN TEOTIHUACÁN...?
JOSÉ NARRO

ASÍ HA SIDO LA COSA:
MIENTRAS SE ENVÍAN LAS PRECIOSAS
EXPOSICIONES DEL ARTE OLMECA O MAYA
A LONDRES, ROMA, LENINGRADO O PARÍS,
MILES DE INDÍGENAS MARCHAN "DE A PIE"
HASTA LA CIUDAD DE MÉXICO PIDIENDO
LES REGRESEN SUS TIERRAS...

¿A LOS PINOS? NI CORBATA TRÁIN: DEJEN AQUÍ SUS PINCHES PAPELES Y LUEGO LES AVISAN...

I KELLY

SE REPITE EL POSTULADO GRINGO DE LA CONQUISTA DEL OESTE:
# EL INDIO BUENO ES EL INDIO MUERTO.
¡GLORIA ETERNA A LOS INDIOS (MUERTOS) DEL PASADO,
AUNQUE A LOS INDIOS DEL PRESENTE SE LOS ESTÉ LLEVANDO
LA CHINGADA EN CHIAPAS, GUERRERO, TABASCO O OAXACA...!

SIN EMBARGO, LOS INDIOS DEL PRESENTE,
CUANDO MÉXICO ESTABA POR INGRESAR AL
PRIMER MUNDO (POR DECRETO, CLARO, Y
GRACIAS AL **TLC** SALINISTA), AGARRARON
SUS FUSILES DE MADERA Y GRITARON:

García Cabral

¡QUEREMOS PAN, QUEREMOS SALUD, JUSTICIA, AGUA, LUZ, VIVIENDA DIGNA! ¡QUEREMOS NUESTRA TIERRA! ¡QUEREMOS EDUCACIÓN Y TRABAJO JUSTO!

**Media filiación**

EFRÉN

¿NO ES CURIOSO? ES **LO MISMO** QUE PEDÍAMOS EN 1910...

QUÉ POCA ORIGINALIDAD DE ESOS ZAPATISTAS...

¿EL JEFE MÁXIMO DE HOY?

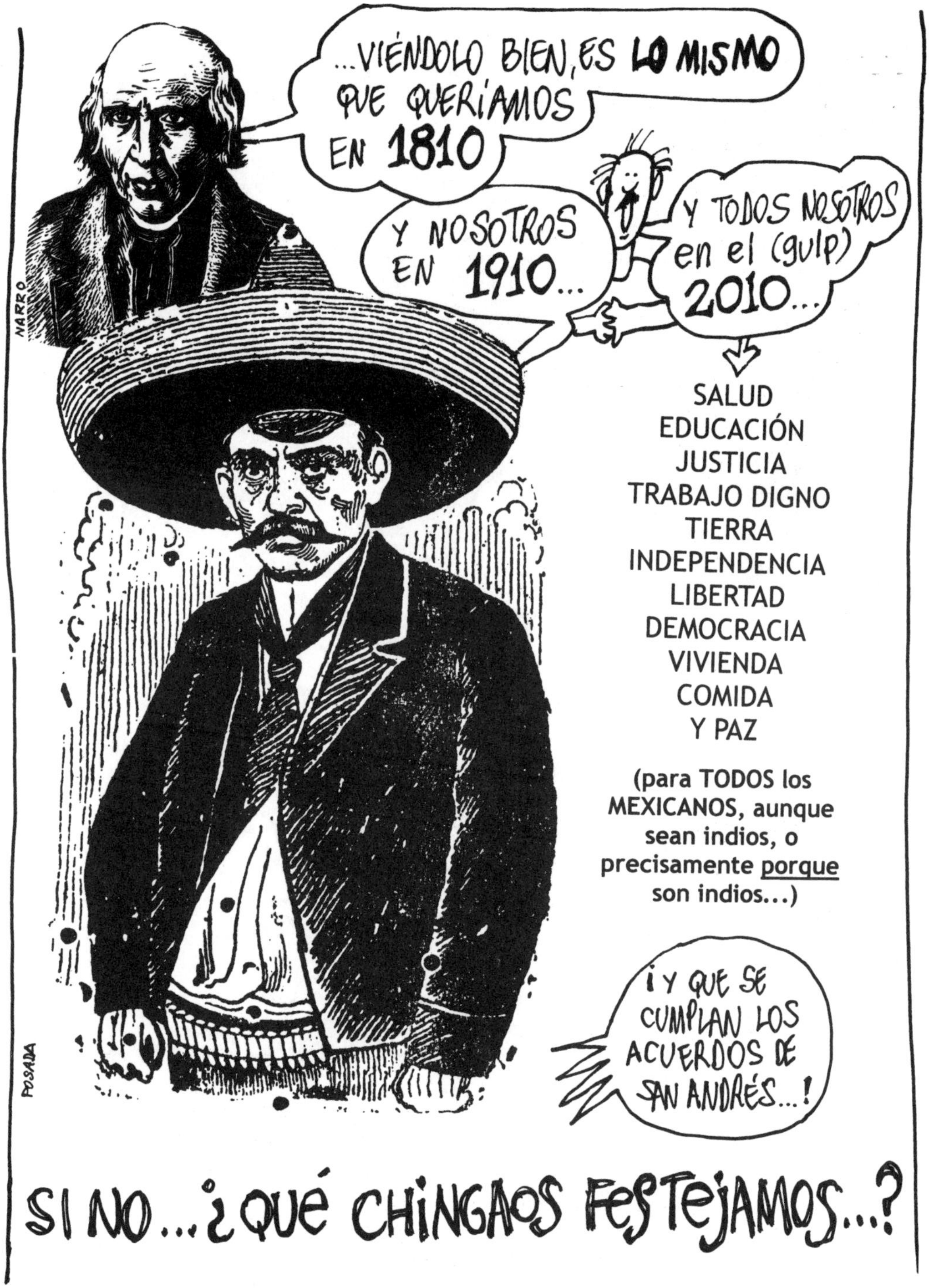

...VIÉNDOLO BIEN, ES LO MISMO QUE QUERíAMOS EN 1810
Y NOSOTROS EN 1910...
Y TODOS NOSOTROS en el (gulp) 2010...
SALUD
EDUCACIÓN
JUSTICIA
TRABAJO DIGNO
TIERRA
INDEPENDENCIA
LIBERTAD
DEMOCRACIA
VIVIENDA
COMIDA
Y PAZ
(para TODOS los MEXICANOS, aunque sean indios, o precisamente porque son indios...)
¡Y QUE SE CUMPLAN LOS ACUERDOS DE SAN ANDRÉS...!
NARRO
POSADA
SI NO... ¿QUÉ CHINGAOS FESTEJAMOS...?

Estereotipo de siesta en un folleto turístico sobre México.

# BIBLIOGRAFÍA / o sea, algunos libros consultados para hacer éste.

**Historia General de México / varios autores / El Colegio de México, 1977**

**El México desconocido / Carl Lumhotz / Editora Nacional, 1972**

**México, un pueblo en la historia / Enrique Semo, coord. / Alianza México, 1989**

**Arma la historia / Enrique Florescano, coord. / Grijalbo, 2009**

**Los 10 engaños al pueblo de México / Mauro Rodríguez Estrada/ Cincel Ed, 2005**

**De la Independencia a la Revolución / Alvaro Matute/ Conafe, Colibrí, 1979**

**HISTORIA 4o. Grado / SEP Libros de texto gratuitos , 1998**

**Un indio zapoteco llamado Benito Juárez / Fernando Benítez / Taurus, 1998**

**La Revolución Interrumpida / Adolfo Gilly / El Caballito, 1971**

**Enciclopedia Práctica del Estudiante/ Biografías y Cronología / Promexa, 1982**

**Tierra incógnita / Fernando Benítez / ERA, 1972**

**Virreinato de la Nueva España / Rivera / UNAM, 1922**

**Mexico: from Montezuma to the fall of the PRI / Jaime Suchlicki / Potomac Books, 2001**

**La imagen de la Patria / Enrique Florescano / Taurus, 2008**

**La revolucioncita mexicana / rius / Grijalbo 1978**

**Los pueblos indios de México / Carlos Montemayor / De Bolsillo, 2008**

**Comunicados del EZLN / varias fuentes**

**Material gráfico : Archivo Rius**

El autor quiere agradecer la valiosísisisima ayuda de la amiga e historiadora **María Rosas** para la revisión general del libro.

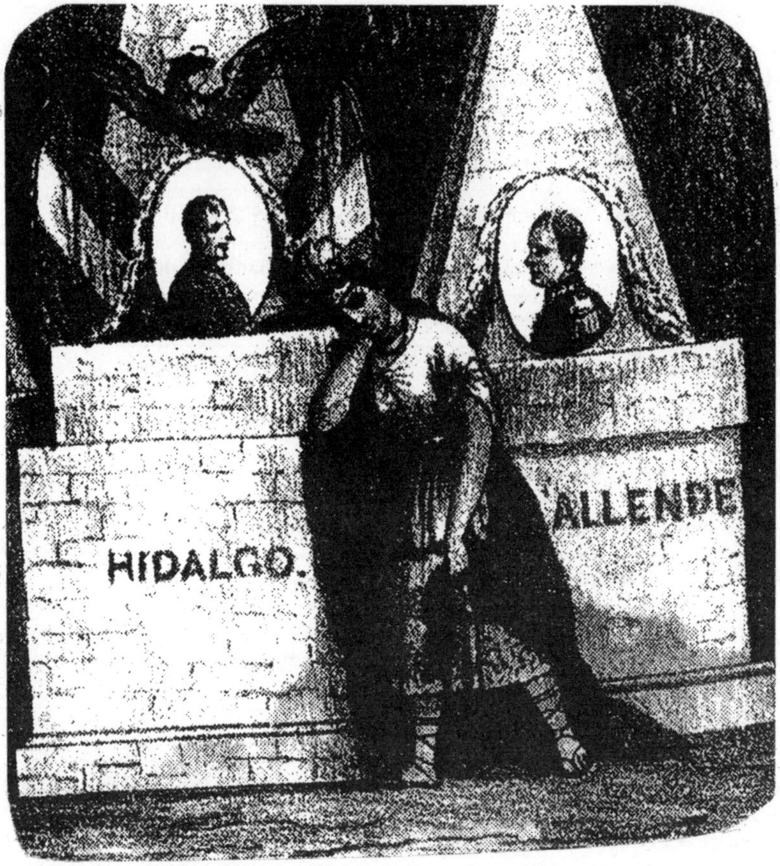
HIDALGO.
ALLENDE